達賴喇嘛講 三主要道

宗喀巴大師 的 精華教授

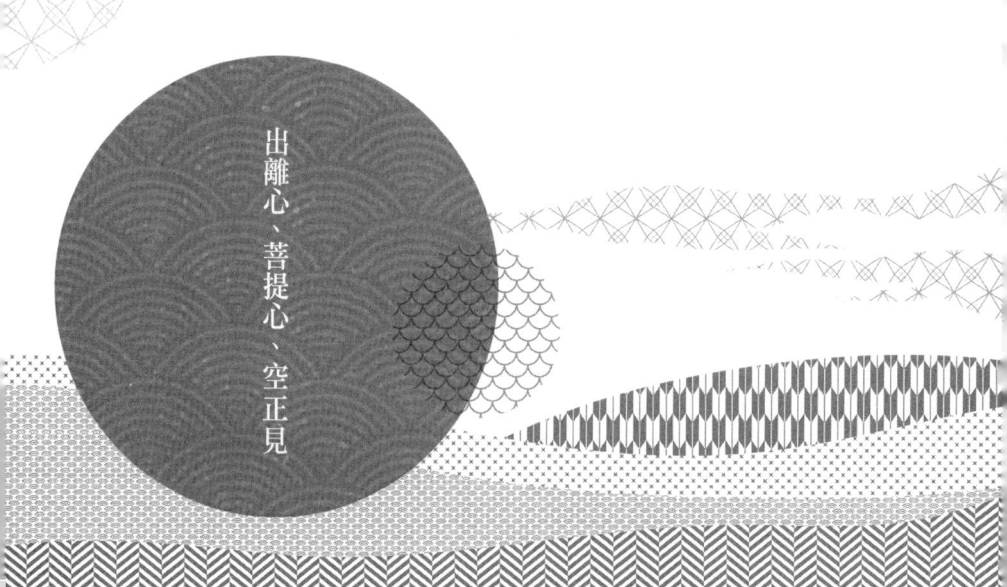

出離心、菩提心、空正見

THE ESSENCE OF
TSONGKHAPA'S TEACHINGS
The Dalai Lama on the Three Principal Aspects of the Path

達賴喇嘛 Dalai Lama／著
拉多格西 Geshe Lhakdor／英譯　　黃盛璟／中譯

英文版推薦文

「幾十年前當我第一次讀宗喀巴大師的《三主要道》時，我意識到我已經遇到了所有大乘佛教教義的精髓，以及金剛乘（密乘）佛教不可或缺的基礎。我知道，我這一生到成佛為止都可以託付給這三主要道，而我對這三主要道的信心在隨後的幾年中更為加深。在這本珍貴的著作中，達賴喇嘛尊者以他的廣大博學和深刻見解，為現代世界闡

英文版推薦文

釋了這段經文,對此我表示由衷的感恩和喜悅的讚賞。」

——B・艾倫・華萊士(B. Alan Wallace)

聖塔芭芭拉(Santa Barbara)認知研究所(Institute for Consciousness Studies)所長

「我用三主要道教會學生菩薩的修行實踐：出離心、菩提心和空正見。我很高興看到我們現在在這樣的主題下，有宗喀巴大師這個精煉而深刻的偈頌，以及達賴喇嘛尊者的清楚論述。這是一本簡短易讀的書，並且對大乘佛教的修行做了非常好的介紹。它還包含了宗喀巴大師的藏文原文，因此也非常適合作為古典藏文翻譯教學的教材。」

——蓋伊・紐蘭德（Guy Newland）

中央密西根大學（Central Michigan University）

哲學與宗教系（Department of Philosophy and Religion）系主任

英文版推薦文

「本書乃是《三主要道》全面而有見地的評論——宗喀巴大師的開創性著作，是對成佛之路上任何想認真實修者的必備之書。我為非常能幹的翻譯人員及智慧出版社所提供的幫助而鼓掌。這本書的確是瑰寶。」

——約書亞・卡特勒（Joshua Cutler）

藏傳佛教學習中心（Tibetan Buddhist Learning Center）執行主任

英文版《菩提道次第廣論》（*The Great Treatise on the Stages of the Path to Enlightenment*，藏：*Lam Rim Chen Mo*）主編

目次

【英譯者序】拉多格西 8

1 導論 達賴喇嘛尊者 15

2 教授 37

禮敬 38

著述之前立誓發願 41

勉勵弟子好好聽聞 44

生起出離心之必要 47

如何生起出離心？ 53

生起出離心之量 85

解脫是可能的嗎？ 92

菩提心的根本 99

生起菩提心 105

了悟空性之必要 123

3 問答 165

參考書目 193

【附錄】《三主要道》宗喀巴大師

英譯者序

拉多格西 Geshe Lhakdor

我很高興智慧出版社能出版這本達賴喇嘛尊者對《三主要道》的教授。尊者在教授此論時，我有幸擔任即時口譯，並且事後在朋友傑瑞米・羅素（Jeremy Russell）的協助編輯下，為西藏檔案文獻圖書館（LTWA，Library of Tibetan Works and Archives）準備了這篇書面翻譯。宗喀巴大師這篇短文是寫給當時在西藏東部嘉絨寺（Gyamo

Rong)的弟子察柯・溫波・阿旺・扎巴（Tsakho Onpo Ngawang Dakpa）。

三主要道是所有顯乘和密乘實修的主軸或命脈。換句話說，重要的是你的修行要受三個面向的影響：出離心、菩提心和正確的見解①（correct view，空正見）。因為當你的修行受到出離心的影響時，就

註釋：以下皆為譯者註

① 正確的見解：指了解空性的智慧（空性慧），即「空正見」。

成為獲得解脫（涅槃）之因；當受到菩提心的影響時，就成為獲得一切遍智②（成佛）之因；而當受到空正見的影響時，就成為了生命循環（輪迴）的對治。如果沒有這三個主要面向的引導，即使精通五部大論③的學習，即使能夠多生多劫保持在禪定的狀態，即使擁有五種神通④，即使已經取得了八種偉大的成就⑤，都將無法超脫輪迴。

三主要道是所有佛經的精髓。佛陀的教義以及後世對佛經的論述，皆包含在三種個體類型的發展階段⑥中：最低的下士夫，他們關心下一生投生增上生⑦；中間的中士夫，他們關心解脫和涅槃；心量

英譯者序

最高的上士夫,他們關心的是要成佛以利益眾生的菩薩動機。之所以如此,是因為包括所有佛典及其註釋的論著,目的都是真正要幫助追

② 一切遍智:指佛陀所證得的智慧圓滿又周遍,無所不包,能正遍了知一切法。

③ 五部大論:包括《因明論》、《般若論》、《中觀論》、《俱舍論》、《律論》等五部內顯宗經典理論。藏傳佛教五部大論是三乘佛教綜合知識和哲學理論高度概括性的教科書。

④ 五神通:天眼通、天耳通、他心通、宿命通、神足通。

⑤ 八大成就:包括煉丹、明目、透視地下物、飛劍、飛行、隱身、長壽、除病消災,屬於密法的世間成就。密法的超世間成就是指解脫成佛的終極成就。

⑥ 在藏傳佛教中,根據個體資質稟賦的不同,分為:下、中、上士夫;而配合三種士夫的佛法修習,劃分為三個不同階段:下、中、上士道。以這次第為主題所寫成的典籍,都可稱為「道次第」。

⑦ 增上生:指凡夫造善培福,來生感得天道或人道等好的果報。

隨者能夠成佛。為了達到那種遍知的狀態，一個人應該練習方便和智慧的雙運，其中主要的修行就是菩提心和空正見。為了培養這兩者，首先應該對輪迴的美滿表相培養出深深的厭惡感，並且應該發展出真正的出離心——想離開輪迴的願望。沒有出離心，就不可能培養出想將眾生從輪迴中解脫出來的大悲心，因此出離心是必要的。

修菩提心主要是積累功德，以獲得佛陀的色身（梵：rupakaya），而修空正見則是為了獲得佛陀的法身（梵：dharmakaya）。此外，剛開始的時候，為了說服人們信奉佛法，需要有出離心；為了確保所修

學的佛法為大乘的修行之道，需要有菩提心；而要完全消除兩種極端見解⑧，必須要有空正見。因此，這三者被稱為「三主要道」。將所有修行要義統攝為三主要道的這種修行方式，是文殊菩薩直接傳給宗喀巴大師非常殊勝的指示。

（本文作者為西藏檔案文獻圖書館館長）

⑧兩種極端見解：指恆有極端和虛無極端兩種，或稱有、無二邊，或稱常、斷二邊。

1
導　論

達賴喇嘛尊者

今天我將開始解釋《三主要道》。如往常一樣,在教授開始之前,我們會先修三個法①來清淨我們的心續,然後念誦《心經》。現在我們獻曼達②。

不論是何種教授,聽者與教者都要有清淨的動機。尤其是在聽聞大乘法的教授,應先皈依佛、法、僧,以免自己走上錯誤的道路;再來,應發起利他的菩提心,讓自己有別於只修下士道和只修中士道③的跟隨者。因此,我們應當觀想兩點:首先,為了利益一切眾生而皈依佛法僧三寶;然後為了一切眾生而生起要利他成佛的心。以這樣的

1 導論 達賴喇嘛尊者

動機,我們念「皈依佛、皈依法、皈依僧」三次,清楚地觀想我們是為了利益一切眾生而這樣做。

---

① 此處尊者並未說明是哪三個法,譯者向英文版編者詢問,應該是指《釋迦佛讚》中的禮敬、供養和皈依三個法。

② 獻曼達:曼達指曼達盤,藏傳佛教的供器之一。曼達為「壇城」的意思。曼達盤即以世間一切珍貴之物,包括日月四大洲,結成壇城,用以供養諸佛。獻曼達即藏傳佛教獻供養的一種儀式。獻曼達時也可以只用觀想,並且念著供養文以完成供養的儀式。

③ 參見〈英譯者序〉註⑥。道次第的法類都是希望修學從下士道起修,終走到上士道的法。下士道是以希求來生更好為目標;中士道是以解脫輪迴為目標;上士道則以徹底利他為目標。

無與倫比的佛陀在菩提迦耶證悟之後，他開示了四聖諦④：苦諦、集諦、滅諦、道諦。四聖諦後來成為佛陀所有教法的基礎。雖然佛陀在初轉法輪就開示了四聖諦，然而在第二轉法輪時，佛陀才把滅諦更明確地揭示出來。那時候佛陀在顯義上開示了空性的義理，隱義上則開示了地道⑤的次第。換句話說，佛陀在顯義上直接開示空性的道理時，也開示了二諦⑥——世俗諦和勝義諦，以及涅槃寂滅的究竟道理。

在第三轉法輪的時候，佛陀在《如來藏經》中開示了佛性的道

18

1 導論 達賴喇嘛尊者

理，此經是後來彌勒菩薩著作《寶性論》的基礎。佛陀闡釋眾生皆有佛性，或是說眾生皆有成佛的可能性，主要是就心的本性而言，沒有

④ 四聖諦：「諦」即真理，佛教以苦諦、集諦、滅諦、道諦為四聖諦，又稱四諦，為釋迦牟尼最初說法的內容，是佛教教義的基礎。「苦」為生老病死等苦果；「集」為妄心而生起的種種惑業，是苦因；「滅」為滅惑業而離生死之果；「道」為修行之道路，以能通於涅槃、成佛的因。

⑤ 地道：佛法對修行有分「五道」、「十地」的位階，是修行道上的發展過程。

⑥ 二諦：世俗諦與勝義諦，乃佛教最基本的理論原則。「諦」指真理。從時間上由於經驗或習慣所觀察的萬事萬物原理，即世俗諦（有）；由究竟處體驗萬事萬物的真實情況，即勝義諦（空）。世俗諦是指肯定萬事萬物所以存在的道理；勝義諦是指否定萬事萬物有其實質的道理。

實質的存在,所以才有可能達到證悟的境地。在《寶性論》裡解釋得很清楚:心的本性清淨無垢,因此能達到證悟的果位。這是因為任何不是實質存在⑦的法⑧都是可以改變且依賴於因緣的。如龍樹菩薩在《中觀根本慧論》說:

「若認為空性能成立,則一切法皆能成立;
若認為空性不得成立,則一切法皆不得成立。」⑨

「空性」這個詞的意思是「非實質存在」,那表示要依賴他者,

20

1 導論　達賴喇嘛尊者

依賴因與緣。當我們說某法依賴於其他的法時,那表示當那些其他的法變化時,某法也會跟著變化。如果它不是依賴他者而是實質存在,那就不會受到因緣的改變而改變。

---

⑦ 實質存在:或譯為「實質有」,即把萬事萬物看成獨立存在,實質固有的存在。
⑧ 法:泛指所有外在的事物、內在的心識以及各種理論、概念。
⑨ 見《中觀根本慧論》(或稱《中論》),鳩摩羅什譯,第二十四品第十四偈:「以有空義故,一切法得成;若無空義者,一切則不成。」

所以佛陀在第二轉法輪的時候，開示諸法並非實質存在。佛陀教導：諸法可以被改變是因為它們都依賴因緣的緣故。現在，雖然諸法是非實質存在，但當它們顯現在我們眼前時，我們卻都認為它們是實質存在。不只是諸法看起來似乎是實質存在，我們也對它們產生貪著而認為它們是實質存在。在這樣的情況下，我們生起渴求、欲望、瞋怒等等。當遇到悅意或有興趣的外境，我們生起很大的貪心；如果看到不悅意或不吸引人的情況時，我們就生起瞋心。因此，像貪心和瞋心這些問題的產生，都是因為我們把諸法看成是實質存在。

22

1 導論 達賴喇嘛尊者

把諸法當成實質存在的概念,這是心對對境⑩所產生的一種錯誤心識,這樣的心識提供了所有煩惱⑪的根本。然而,如果我們生起對「諸法不是實質存在」的理解,那將會是對錯誤心識的正對治。這表示內心的染污⑫是可以被淨除的。如果染污內心的煩惱可以被淨除,

---

⑩ 有境與對境:佛教術語。能取的心為「有境」;心所取的境為「對境」。

⑪ 煩惱:即佛法「惑、業、苦」的惑。惑就是迷惑,也就是無明、對萬事萬物錯誤的見解。因無明而生煩惱,因業而招感無數的生死和痛苦,如此惑、業、苦的流轉亦即輪迴。我們因惑而造作種種的善惡業,無明使眾生流轉生死,是造諸惡業的推動力。

⑫ 佛法一般以「染污」為煩惱的別稱。另據《大乘莊嚴經論》卷三所載,染污有三種:一、煩惱染污,又作煩惱雜染,即諸惑;二、業染污,又作業雜染,即諸惡行;三、生染污,又生老死。

那麼煩惱所遺留下來的種子或影響力也可以被淨除。心的究竟清淨，在於其非實質存在，在第二轉法輪時被明確地揭示出來。第三轉法輪時，不只從勝義諦的角度，還有從世俗諦的角度，再次解釋心的究竟本性是清淨的，在清淨的狀態中只有平等的和清淨的光明。

例如，不論我們是誰，煩惱都不會一直顯現在我們內心；更有甚者，我們會對同一個對象有時生氣有時生愛，而如果諸法具有實質的存在，這種狀況就不可能發生。這就清楚地表示，心王（心的本身）的真正本性是清淨的。但是因為心理因素或因伴隨心王的心所⑬之

故,心因此有時顯現為良善的品質如愛心,而有時則顯現為煩惱的形態如瞋心,因此心王本身並無善惡好壞之分,但是依於心所之故,它可以從善的心轉變為惡的心。

⑬心王與心所:佛法對心識的了別作用分為「心王」與「心所」,心王是主要心識,有眼識(視覺)、耳識(聽覺)、鼻識(嗅覺)、舌識(味覺)、身識(觸覺)、意識等共六識(唯識宗則將心王分為八識,除了前六識相同,還加了末那識和阿賴耶識)。心所(心所生)是臣屬跟隨的心識,有五十一心所。心王出現的時候,一定以心所法的形式運行,心王帶著一群心所完成了知境界的目標。

所以心的本性是清淨的光明，染污或煩惱則是暫時而不定的。這說明了如果我們練習和培養良善的品質，心便能有正向的轉變。另一方面，如果心遇到煩惱，它就會成為煩惱的形態。因此，由於心的這種特性，所有的功德，如佛陀的十力⑭，都能被證得。

例如，所有不同的心識都具有清楚了知對境的相同特質，但是當某個心識碰到一些障礙，可能就無法了知對境。就像我的眼識能夠看到對境，但如果我把眼睛遮起來，眼識將看不到對境。同樣地，對境離我們太遠的話，眼識也會看不到對境。所以心其實有潛力能了知一

切法,這種特質不需要被強化,只是有可能會被其他因素所障礙。

藉由證得佛陀的較高境界,例如十力,我們便證得心識的完整狀態,能夠清楚、徹底地見到對境。唯有認識到心的真正本性,並且除掉心上的煩惱和障礙,才能證得這樣的心識狀態。

⑭《瑜伽師地論》四十九卷十六頁:「云何如來十力?一者、處非處智力,二者、自業智力,三者、靜慮解脫等持等至智力,四者、根勝劣智力,五者、種種勝解智力,六者、種種界智力,七者、遍趣行智力,八者、宿住隨念智力,九者、死生智力,十者、漏盡智力。如是十種如來智力,當知廣如《十力經》說。」

佛陀在初轉法輪時講了四聖諦，而在第三轉法輪時，佛陀透過定義「佛性」而更清楚地解釋了道諦的意義。佛性使一切遍智的證得變得有可能。一切遍智是心識的究竟狀態，可以看見諸法的究竟實相。

因此，第二轉法輪時，對於滅諦的意義有完整的解釋；第三轉法輪時，對於道諦的意義有詳細的解釋。這兩次轉法輪中，佛陀闡明了：心的潛力能夠知道諸法存在的究竟實相；也闡明了：如果你推動並發展這個潛力，一切遍智便能被達成。

28

現在,當解釋到心的究竟本性是可以證得的,這在顯乘與密乘都有認定,區別在於解釋心的本性時的細節。成佛後的最細微心識,在密乘最上部——無上瑜伽部——的教授中有清楚的解釋。密乘的前三部——事部、行部、瑜伽部——是無上瑜伽部的基礎⑮。

⑮密乘:又可稱密續或金剛乘。密乘的修持法門可分為四個次第,一般稱之為四部瑜伽(或稱四部密續、四續部):事部、行部、瑜伽部、無上瑜伽部。這四部是一個循序漸進的修行過程;而前三種瑜伽是修習無上瑜伽部圓滿三摩地的基礎。

精要地說,這是對佛陀教義從四聖諦到無上瑜伽部的簡明解釋。

然而,即使我們對心的究竟本性及證得它的可能性已清楚了解,但如果我們不修行、不努力,也不可能達到證悟的目標。因此,一方面了解心的究竟本性很重要;另一方面,我們應該生起想要修行、想要體悟這種潛能的企圖心。

佛陀開示四聖諦前兩諦(苦諦與集諦)時,說明了苦及苦因必須捨棄並且斷除。開示四聖諦的後兩諦(道諦與滅諦)時,則解釋了透過道諦的方法或途徑可以徹底斷除痛苦和煩惱而達到滅諦。如果沒有

1 導論 達賴喇嘛尊者

方法能徹底斷除痛苦並達到究竟的寂滅狀態,就沒有必要去思惟、研討或禪修痛苦的意義與原因。因為只想苦諦與集諦而不連結道諦與滅諦,只會讓我們更消極悲觀,給自己製造更多痛苦,那還不如留在困惑但自在的無知狀態。但是,我們確實是有機會、有途徑和方法能斷除痛苦的,所以討論和思惟痛苦是值得的。這是佛陀開示四聖諦的重要性及包容性,因為四聖諦是所有佛法修行的根本與基礎。

當我們思惟痛苦及痛苦的真正根源,而了解苦諦與集諦的道理時,我們會生起希望自己能離開痛苦及苦因的這種希求。換句話說,

因為我們不喜歡苦諦所談的痛苦，而且了解苦諦真正的根源，我們會生起想要排拒痛苦和苦因的這種希求。這就是所謂的「出離心」——希求解脫的決心。

當你仔細地思惟痛苦時，不是只有你在受苦，其他的眾生也一樣在承受著痛苦。然後你應該想：「因為其他眾生也跟我一樣在受苦著，如果他們也能夠離開痛苦、斷除苦因，那會是多棒的一件事啊！」這種希望其他眾生也能斷除痛苦及苦因的心，就叫做悲心。當你在悲心的促使下，你決定幫助其他眾生斷除痛苦及苦因，那是一種

1 導論 達賴喇嘛尊者

很特別的決心或心志，會積極地希望能利益其他眾生。

然後你再仔細觀察如何能夠究竟地利益眾生，你會有個結論出來：只有幫助眾生達到究竟的佛果位，才能徹底地利益到眾生；而要幫助眾生達到究竟佛果位，你必須自己先證得佛果位。這種希望自己成佛來幫助其他眾生證得佛果的悲心，就稱為「菩提心」。

由於諸法不是獨立實質存在，所以徹底除掉痛苦並獲得究竟的證

悟是可行的。因此，了解諸法的本質並非實質存在是很重要的。這種了解「諸法非實質存在」的見解，就叫做正確的見解，也就是「空正見」。

這三種素質——出離心、菩提心、空正見——在此被視為三主要道。之所以這麼說，是因為它們提供了從輪迴中獲得解脫的真正動機，以及形成了能獲得證悟的架構。

從輪迴中獲得解脫的主要方法是出離心，證悟成佛的主要方法是

1 導論 達賴喇嘛尊者

菩提心，此二者皆因空正見或空性慧變得更強而有力。

現在我開始解釋正文。

2
教　授

禮敬

我禮敬尊貴的根本上師們！

這一句是作者在提筆著述之前先要表達的敬意。我來解釋一下這裡的字義。「上師」（藏：lama，喇嘛）這一詞不只是表示世俗的一種身分、地位和權力，也意味著這個人很真摯、很有功德。「根本」（foremost，藏：Jey）是最重要的意思，表示這個人比較不在意輪迴

2 教授

中這一生短暫的聲色感官享受，他在意的是下一生，意指這個人比較關心其他眾生未來多生多世的長遠利益。「尊貴」（venerable，藏：tsun）是可敬或嚴謹的意思，是形容這位上師，因為他已經了解到不管輪迴中現世有多麼愉悅、多麼吸引人，都沒有什麼價值可言。他已看到，在世間的萬事萬物中沒有任何持久的價值，並且，已把他的心志轉向未來多生中較能持久的安樂。換句話說，「上師」是一個已經訓練好他的心志，不會貪圖現世的享樂，而且渴求獲得解脫的人。

「上師」還有至上的意思，意指這個人關心其他有情眾生比關心自己更甚，並且，為了有情眾生而忽視自己的利益。再來，「我禮敬」（I

39

pay homage）意指稽首禮拜。你禮拜上師，因為你看到他關心其他眾生，並且把眾生的快樂置於自己的快樂之上。為了表達對上師這種品格的尊敬，你禮敬他，同時也祈願自己能擁有這樣的品格。

2 教授

著述之前立誓發願

（第一偈）

我將盡己所能地解釋：
釋迦世尊所有教義之精髓，
佛子們所稱揚讚嘆之道路，
希求解脫的幸運者之入門。

第一句是表達作者要著述之前所立的誓言。第二句意指求解脫的決心，因為佛陀的所有教法都是針對解脫而言。由獲得解脫的角度，我們應該能看到在輪迴中看似美好其實不然的缺點，並生起出離這些誘惑的希求心。如果我們想要達到解脫的境界，出離是勢在必行。所以這一句指的是出離輪迴。第三句的「佛子」有三種內涵，可以指從佛陀身、語、意所生的後代：佛陀的「身」所生的兒子是羅睺羅；佛陀「語」的後代是小乘的聲聞與緣覺們①；但是在這偈頌裡所指的是佛陀「意」的所生，指那些已經生起菩提心的菩薩們。只有當你有利他成佛的心時，你才可以成為菩薩或佛子。菩薩被稱為佛陀「意」的

2 教授

後代，因為菩薩是從佛陀心續裡的功德所生出。

這一偈的最後一句指的是空正見，因為能不能獲得解脫端賴於你有沒有了悟空性。因此這後三句介紹了三主要道——出離心、菩提心和空正見，它們的意涵在後面的正文裡會解釋。

① 佛教修行有大乘與小乘之分，小乘是專修解脫道，大乘是修菩薩道。小乘中又有聲聞乘與緣覺乘。聲聞乘是聽聞佛陀四聖諦的聲教而證悟。緣覺乘是依十二因緣法而自修證悟，又稱「獨覺」。

勉勵弟子好好聽聞

（第二偈）

對輪迴的安樂不貪著的人，
努力使暇滿身變得有意義的人，
遵照著佛陀歡喜之道修行的人——
幸運者請以清淨心好好聽聞！

2 教授

我們大多數人擁有足夠的資源，可以不需要太過工作來獲得衣食等等。但是很明顯地，這一生僅僅是能吃飽並不足以令人滿意。我們還想要其他的。我們還渴望更多。這就很清楚地說明了，除非是透過改變內心所帶來的歡愉與快樂，否則不論外在條件多麼有利，都不可能透過改變外在的方法來達到持久的快樂。快樂與不安都端視於我們的心理狀態而定。因此我們應該要做的是內在心的轉化，這件事很重要。既然持久的快樂只有靠轉化內心才能獲得，因此依靠心的力量，並且發掘心的究竟本性就極為重要。

不同的宗教傳統有很多轉化內心的教授，我們在此討論的佛陀教法，對這方面有著非常清晰、詳細和有系統的解釋。

這一偈中所提到的「幸運者」，我們多多少少可以被稱為這一類人，因為我們都在試著努力減少我們的貪著，試著有意義地使用這一珍貴的生命——生而擁有自由又很幸運的人類，並且遵照著佛陀的教法而行。所以最後一句要我們專注於作者即將要傳授的教言。

亞馬遜五星，套書好評17000則！
紐約時報NO.1暢銷書作者的成名系列作！
IG超292萬追蹤的人氣作家！
著作於全球銷售超過100萬冊，被翻譯超過25種語言。

「當我們決定深入自己的內心，就啟動了個人進化的奇蹟。」

往內看

作者／揚・裴布洛 (yung pueblo)
譯者／夏荷立
定價／350元

探討了從自愛到無條件的愛、放手的力量，以及當我們真正嘗試放手時所產生的力量。簡短易讀，每個字都深入人心。

清明與親密

作者／揚・裴布洛 (yung pueblo)
譯者／夏荷立
定價／360元

描述強烈的情緒如何在我們的潛意識中積累，探討了我們過去的創傷如何影響現在的關係，以及個人的療癒可以幫助建立相互滿足的人際關係。

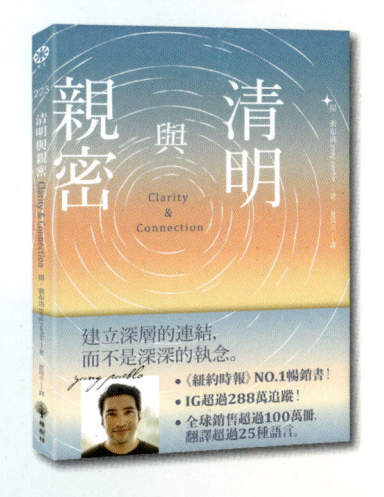

七界
—— 希塔療癒技巧的核心思想

作者／維安娜・斯蒂博（Vianna Stibal）
譯者／安老師（陳育齡）　定價／550元

**希塔療癒系列最多元、最豐富、
最實用的信念練習及概念大集結指南！**

人類的軀體和行為是三維的，但我們的靈魂知道還有其他超乎物質之外的領域，這些領域即是七界。七界裡的每一界，猶如被一層薄紗隔開，這些薄紗以「信念」的型態編入地球上每個人的潛意識。打開這本書，我們將學習如何褪去這些信念薄紗，進而意識到自己並非與各界分離，而是與七界緊密相連！

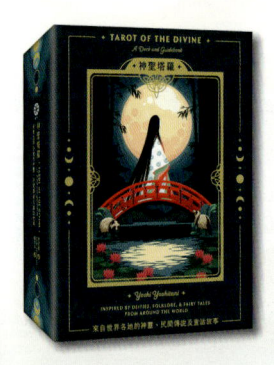

神聖塔羅
—— 來自世界各地的神靈、民間傳說及童話故事
（78張精美塔羅牌＋指導手冊＋精裝硬殼收藏盒）

作者／吉吉谷（Yoshi Yoshitani）
譯者／賴許刈　定價／1200元

**以華麗插圖頌揚神靈、民間傳說和世界各地的童話！
來自40多個國家的故事，體驗與眾不同的精神之旅！**

本套牌卡除了有精巧的短篇故事，更有長篇的史詩片段，包括小美人魚、阿拉丁、鶴妻、亞瑟王等。當我們對未來感到困惑、對當下感到迷茫，翻開這副牌，把牌面的圖像連結記憶中的故事，搭配塔羅牌的神祕能量及意涵，便能得到最適合解牌者的特殊意義！

魔幻森林姐妹情
—— 芬蘭卡累利阿的永續生活、智慧與覺醒

作者／森山奈保美、威廉・道爾（Naomi Moriyama, William Doyle）
譯者／賴許刈　定價／450元

**走入芬多精滿滿的芬蘭日常！
一窺全世界最幸福、最環保也最安全的國度！**

作者前往的「卡累利阿」是歐盟國最東邊的一塊陸地，也是歐洲最後的一片荒野，《魔戒》作者對於「中土」的靈感就來自這裡！這片坐落在芬俄邊際、未受汙染的優美淨土，就是書中所說的「魔幻森林」，改變了森山的人生。她走進了世界上最快樂的國家的精神核心，結識了強大的芬蘭女性，一起走遍卡累利阿森林。

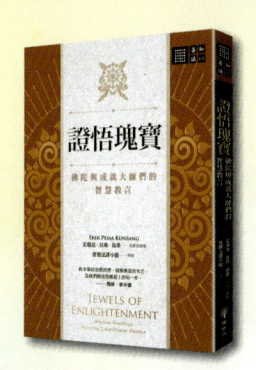

證悟瑰寶
—— 佛陀與成就大師們的智慧教言

作者／艾瑞克·貝瑪·昆桑
譯者／普賢法譯小組　定價／500元

**佛教成就者千年智慧的語錄集結
依循三善法的修行法門，證悟生命的實相，
為人生帶來不凡的意義！**

本書彙編了佛教各派的願文、道歌與教言，每一篇都是大成就者獲得證悟後的精妙見地；用最簡潔的字句，闡述佛法深廣的哲理。書中精心依照三善法架構編排所有收錄的教言，從產生菩提心到以利益他人為使命，能夠使我們獲得安樂、自由和證悟。

醫者慈悲心
—— 對醫護者的佛法指引

作者／確吉·尼瑪仁波切、大衛·施林醫生 (Chökyi Nyima Rinpoche, David R. Shlim M.D)
譯者／妙琳法師　定價／350元

**悲心是一種希望解除他人痛苦的誠摯願望，
不只包括正在經歷的不適，還包括痛苦的潛在原因，
希望讓他人感覺好一些，不再痛苦的真正祈望，就是悲心的全部內容。**

本書是西藏上師確吉·尼瑪仁波切和美國醫生大衛·施林長期合作項目的一部分，探索如何將慈悲和醫療結合，提供給醫護專業人士的建言——慈悲可以被訓練而變得不費力，並帶給病患和醫護人員極大的利益。

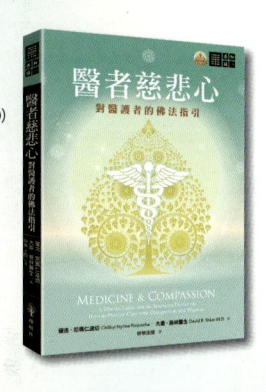

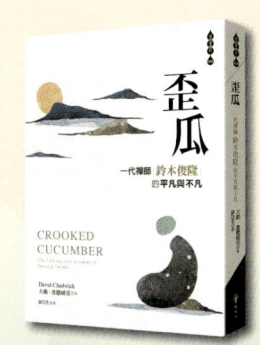

歪瓜
—— 一代禪師鈴木俊隆的平凡與不凡

作者／大衛·查德威克 (David Chadwick)
譯者／薛亞冬　定價／760元

在作者的筆下，我們第一次見到古代公案中的禪師變得有血有肉，揚眉瞬目，站在面前，對我們微笑，鼓勵我們從他一生的言行中汲取力量。

本書作者是鈴木俊隆的弟子，擁有鈴木禪師親言教誨的第一手資料，以及同門師兄弟的回憶，還採訪了大量鈴木俊隆的親朋好友，可謂下足功夫，為讀者奉上這本生平傳記，將我們帶進他的生命中，一起見證禪師作為佛子，將生命化作不懈修行的一生。

濟群法師
智慧人生叢書

定價／4000元

濟群法師童真入道，在深入經藏和修證的造詣很深，且長年筆耕不輟，這套《智慧人生叢書》匯集了法師多年來的演講與對談，深入淺出地講述如何兼顧自利和利他、探討心的本來面目，給予讀者心性和禪修的開示。讓我們在生活中實踐，過上智慧的人生。

《我們誤解了這個世界》《我們誤解了自己》《造就美好的自己》
《經營企業與經營人生》《心，才是幸福的關鍵》
《你也可以這樣活著》《走出生命的迷霧》
《禪語心燈》《有疑惑，才能開悟》《怎麼過好這生活》

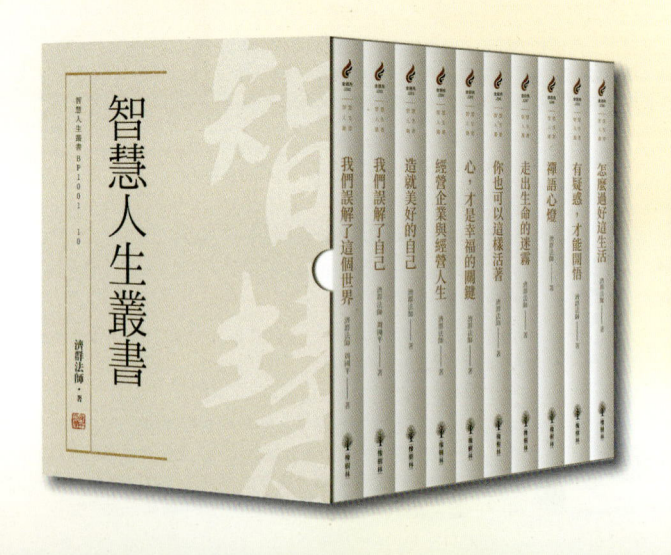

生起出離心之必要

（第三偈）

如果沒有生起清淨的出離心，
就無法平息對輪迴大海之安樂的黏著。
眾生完全被貪戀輪迴所繫縛，
因此首先要尋求出離的決心。

從這裡開始正文，亦即本書內涵的實際教授。這一偈在解釋生起出離心或尋求脫離輪迴的必要性。看到輪迴的過患和缺陷而生起很強烈的希願，希望能脫離輪迴、從輪迴束縛中解脫，這種希求心就叫「出離心」。只要你還看不到輪迴安樂的毫無價值，卻還不斷地看到這些安樂中存有某種意義和魅力而去抓緊它們，你就無法把你的心轉向解脫，你也無法意識到你在輪迴中受到怎樣的束縛。

所以這一偈第一句在說，除非你有純然的決心，想要把自己從輪迴大海中解脫出來，否則你想達到寧靜的意圖將會徒勞無功。我們迷

2 教授

戀輪迴,由於我們渴求和貪著輪迴盛事,因此我們被牢牢地捆綁在輪迴裡。如果我們真心地尋求解脫的寧靜,就要生起出離心,並且認識輪迴的過患而斷絕輪迴,這才是正確的做法。佛陀自己的故事可以引導我們清楚了解出離心的意義,並提升我們自己的修行。

佛陀出生為富有家族的王子,受良好的教育,有太太和兒子,享盡世間的榮華富貴。然而,儘管所有誘人的樂趣他都可以享有,但是當他碰到生苦、老苦、病苦、死苦的瞬間,他人受苦受難的景象使他受到了刺激。他自己發現到,不論外在的安樂多麼吸引人,只要你有

跟大家一樣的身體——染污業及煩惱的短暫產物——那麼這些誘人的外在安樂與享受都是虛幻的。了解這點之後，佛陀試圖藉由捨棄世間所有的享樂，包括與妻兒的家庭生活，以找出一條脫離痛苦的道路。他以這種方式逐漸加強他的出離心，最後終於獲得解脫乃至證得佛果位。

因此這裡教導我們要培養出離心。若僅僅只是捨棄輪迴的安樂，只是觀察對輪迴安樂的貪著與渴求，這是不夠的。我們必須截斷生命的續流。輪迴不斷的重生，是因為我們的渴求與欲望，所以我們必須

透過禪修才能截斷輪迴的相續性。因此佛陀進入甚深的禪定六年。最終，藉由運用止觀雙運的方法，佛陀獲得了能克服蘊體②及外魔所形成的障礙的力量。他消除了種種不安情緒的根源，並且因為這些不安的情緒被滅除，他也克服了死亡。以此方式，佛陀征服了四種魔障③。

② 蘊體：蘊有積聚的意思，佛教將蘊分析成五種基本元素，即色蘊、受蘊、想蘊、行蘊和識蘊五者，又稱五蘊，意指人類存在的基本要素。

③ 四魔：指惱害眾生而奪其身命或慧命的四種魔類，即煩惱魔、蘊魔、死魔、天魔四種。

身為佛陀的追隨者，我們也應該試著去看到輪迴中誘人之處的過患，然後對這些誘惑不生貪著，並且專心致力於無我的見解及對諸法真正本質的了解。

如何生起出離心？

現在你應該會想知道如何修習這種想要解脫的決心，如何生起希求脫離輪迴的心。看下一偈：

（第四偈）

思惟人身的自由和幸運是多麼難得且無暇可浪費，
如此能遮擋住現世迷人之表相的誘惑；

反覆思惟業果不欺誑和輪迴痛苦，如此能遮擋住來世迷人之表相的吸引。

這一偈解釋如何先檢視我們對今生的貪著，然後再檢視對來生的貪著。為了截斷對今生享樂的貪著，就要思惟人類生命的可貴性，它是多麼難以獲得，以及它所提供的許多特質④。這種思惟很重要。如果我們把這些要點思惟得很清楚，就能抓住得以投生為人的意義。生而為人是寶貴的，因為這使我們獲得所有其他動物甚至是所有其他種

54

2 教授

類的眾生⑤所沒有的地位、特質和聰明才智。我們人類可以創造巨大的福祉，也可以造成巨大的破壞。如果我們只是消磨我們的時間，把這個實足珍貴的潛能浪費在無聊且無意義的活動當中，那會是非常大的損失。

---

④ 關於人身義大難得的思惟，可以參考宗喀巴大師著的《菩提道次第廣論》〈道前基礎・暇滿〉。

⑤ 佛教輪迴裡有六種眾生的種類形態，稱為六道：天、人、阿修羅、畜生、餓鬼、地獄。前三種為善道，後三種為惡道。

因此，認識我們的潛力、特質以及至高的智慧是很重要的，這些是其他種類眾生所無法擁有的。如果我們能認清這些事情，將會心存感激並好好加以運用。人類大腦和人類智慧的力量是不可思議的。它具有超前計畫的能力，且能進行深入而廣泛的思惟，而這是其他種類眾生所做不到的。既然我們有這麼厲害的大腦或智慧，就要先認識心識屬性的力量和特性，這很重要。然後我們應該駕馭我們的心識朝著正確的方向，讓它能對世界以及一切眾生心中的和平與和諧做出重大貢獻。

2 教授

讓我們以核能為例。一個核粒子有非常強大的力量，但是如果我們錯誤地使用或不當地處理，可能會造成很大的破壞力。現今我們有核導彈及其他核武器，這些名字都讓我們心生恐懼，因為它們的破壞力非常強大，在很短的時間內就能造成大規模的殺傷力。反過來說，如果我們把核能運用在有建設性的方面，可以為整體人類或芸芸眾生提供很好的服務。同樣地，既然人類具有這樣的能力和力量，那麼將之用於所有眾生的利益上就非常重要。人類的聰明才智若能被適當使用，將會是快樂與福祉的重要來源；但如果被錯誤使用，將會帶來極大的不幸與毀滅。

這是從人類具有敏銳智力的角度,來思惟我們這寶貴人類生命的重要性。然而,一個自由、幸運的人類生命不僅是有意義又很難得,而且是非常短暫的,了解這點也很重要。

下面兩句在解釋:如果我們能不斷地思惟我們的行為和輪迴痛苦之間緊密的關係,我們就能截斷對來生的貪著。現在我們從事許多活動以獲得衣食和好名聲,此外,我們後半生的經歷端賴於我們前半生所採取的行為。這就是「業果」⑥的意義。雖然這只是對業果很粗略的詮釋:當我們談到「業果」,「業」包括所有我們為了得到幸福或

2 教授

快樂而去做的事;「果」就是從而達到的效果。所以,我們生命的前半生從事某些活動,能為我們將來帶來快樂或成功;同樣地,這一生我們採取某些行動,以便我們下一生能得到好的結果。也就是說,我們這輩子後半生的經歷依賴於我們前半生的行為;而我們來生的經歷,不論是愉悅或不愉悅,也取決於我們前世所造的行為。

⑥業是佛教術語,有造作、行動、做事的意思。指由思想驅動的行為,這些行為在未來會形成結果,也就是業報或果報,業與報之間有天然的因果法則。業與果報是佛教的基礎理論之一,業通常被認為是決定了輪迴的主要因素。

這些行為是通過身體、語言和思想來完成的，也稱為身、語、意業。如果從業會產生哪些果報的角度來分類的話，業可分為善業、惡業和無記業。善業會帶來愉悅的果報，惡業會帶來不愉悅的果報，而無記業就會產生不苦不樂的感受。

然後，有些業必然會有果報，有些則不一定會有。舉例來說，當一個業產生時，這個業帶有動機，有意圖，而且有執行，最後有完成，這就會有果報。當動機、行動和結尾都很強而有力，則這個業必會有果報出來，不論是好的或壞的果報。反過來說，如果你的動機很

60

2 教授

強,但並沒有付諸行動;或者最終你並沒有想到已經完成了,而是覺得後悔了,那麼那個特定的業可能不會產生影響或果報。如果這三方面——動機、實行和結尾——沒有呈現,那麼這個業就被放在不定業的類別裡。

另外,從感得果報所依據的角度來看,有的業會在今生感果,有的業會在緊接著的下一生感果,而有的業則會在多生之後感果。

然後,業又可分為引業和滿業(projecting and completing actions)

兩種。引業是負責送我們投生到一個特定的生命型態，例如投生為人或動物，或其他道的眾生。滿業則是決定投生之後的生活品質，不論是在哪一道。舉例來說，雖然投生為人，但你可能一輩子貧窮，也有可能一出生就感官受損或四肢癱瘓。而從另一方面來說，你的滿業可能是光鮮亮麗並且天生長才。即使投生為畜生，你也可能如寵物狗般擁有舒適的家。這種與生俱來的特質或缺陷，是滿業所帶來的結果。

所以一個特定的業屬於引業或滿業，是根據它的作用而定。有可能雖然引業是好的，但滿業卻不好；也有可能雖然滿業是好的，但引業卻不好⑦。

2 教授

一個特定的業，無論是正面的（如信仰佛陀）還是負面的（如貪著心），如果就其本身而言這個業很單純，就可以被看成是全白的善業或全黑的惡業。如果一個特定的業的前行動機、實行和結尾都是良善的，那麼這個業就可以視為善業。如果這個業的前行動機、實行和結尾都不清淨，則這個業就可以視為惡業。如果這個業有好壞兼具的前行動機、清淨的實行和不清淨的結尾——換句話說，這個業兼具正

---

⑦ 引業好，但滿業不好：例如生而為人但很貧窮；滿業好，但引業不好：例如生而為狗但養在愛動物的人家，備受寵愛。

面的與負面的特質,那麼這個業就被稱為雜染的業。

是「我」,或「補特伽羅」⑧,造了業並感得果報。雖然這些種種的業都是特定眾生思想的產物,但並不是世界的造物主所造的。是有某個眾生造了這個業,因為當我們談到「業」,這個詞本身就清楚地意謂著有造作者在造這個業,但那不是外在的媒介。

一個業如何產生結果?例如,我彈一下指,然後馬上停止,這個彈指的動作就完成了,這樣就留下了結果。如果你問這個動作的結果

2 教授

是什麼？就只是這個動作的瓦解而已，而這個瓦解其實是一直持續下去。所以當我們談到一個特定業的結果為何，那就是瓦解，或部分瓦解，或那個業完全停止。要說明一下，這種業瓦解之後會留下一種效力（業力），這效力是負責導引出另外其他的有為法⑨。

---

⑧ 補特伽羅：源自梵文 pudgala，泛指六道眾生或有情（有時也譯為人），有不斷在生死中受生的意思。

⑨ 有為法：梵文為 samskrta-dharma，佛教術語，指會隨因緣變化而出現、變化及消失的法，故也叫緣起法。與無為法共同構成一切法的兩大分類。

如果你想知道那個特定的業停止或瓦解後的業力所留下的印記存放在哪裡，答案是：當業停止的剎那間，印記就存在心識的續流當中。有些時候心識是靈敏、清醒的；有些時候心識是潛伏的——例如當我們熟睡或昏厥時。因此，要存放這種業力的話，心識不是一個完全可靠的地方。它有時候很細微，有時候又很粗糙，所以心識只能為這樣的印記提供一個暫時存放的基地。

於是，如果我們尋求一個徹底、究竟的解釋的話，那就是「唯我」，或「唯補特伽羅」，帶著那特定業的業力。這樣的解釋是根據

66

2 教授

佛教最高學派——中觀應成派⑩最終極的解釋。我用「唯我」這個詞來澄清確認:「我」或補特伽羅,只是名言的存在,並不是實質的存在。這個「我」只是被安立的,它自己本身並不存在。它並不是某種你可以用手指指出來的東西。「唯」這個字表示「我」只是由名稱和分別心⑪而安立,並且否定了自主或獨立存在的「我」。而否定了實

---

⑩ 中觀應成派:大乘佛教中觀學派之下的支派之一,由佛護、月稱論師建立。後世的格魯派主要採取他們的見解,並將此認定為中觀派的主流。

⑪ 分別心:指思惟、思索的意思。

質或自主存在的「我」，意味著「我」或補特伽羅不可成為所遺留的印記或業力的基礎。通常，「我」是由身、心和合而安立出來的。

當我們談到身體與心識——人類據以安立為「我」的基礎——原則上，成為「我」這個詞的安立基礎主要還是以心識為主。心識有很多層次，有些粗糙，有些細微。人類的身體也可以分成許多部分，例如眼睛、耳朵等等。這些身體的部分也成為心識的安立基礎。例如，眼識⑫的安立處是眼睛、耳識的安立處是耳朵等等。不過如果你試著要找出心識最細微的安立基礎，似乎大腦的神經和通路才是實際上心

68

2 教授

識的安立基礎。然後還有討論到感官能力的基礎，這些應該都是非常細微的。這樣的感官能力基礎能否在大腦或其他地方找到，目前還不清楚。這將會是一項有趣的研究。

⑫ 眼識：五種心識之一，另四者為耳識、鼻識、舌識、身識。五識又稱五識身、前五識，乃眼等五種感覺器官（五根）對應色等五種對象（色、聲、香、味、觸五境），所產生的視覺、聽覺、嗅覺、味覺、觸覺五種認識作用。

讓我們來看個例子。為了要生起眼識，很多因緣條件是需要的，一個無殘缺的視力是主因，而在眼睛聚焦範圍內且具有形色者則為客觀的條件。然而，儘管具有這兩個條件，眼識仍然不一定會生起。這說明，除了外在的客觀條件和視力這個內在的主要條件之外，第三個條件——緊接其前的條件，亦即意識——是必要的。所以，要生起眼識，所有這三個條件都是需要的。

再舉例來闡明這點。偶爾會有些人長期生病之後身體變得很虛弱，以至於心跳及所有生理的功能都停止。因為這些人已經進入很深

2 教授

層的昏迷狀態，沒有生理的活動及功能可以被檢查出來，所以醫生宣布他們為臨床死亡⑬。然而，有時候這些人雖然已經很明顯地沒有生理的活動，但過了幾分鐘或幾小時，又會恢復呼吸、心跳，生理的功能回復了。儘管之前所有的生理活動都停止，這樣的復活顯示緊接其前的精神狀況是不可避免地存在著。當緊接其前的條件──意識──存在時，這人就可以再復活。同樣地，以感官意識的例子而言，若只

---

⑬ 臨床死亡：一個醫學術語，指心跳、呼吸停止。心跳停止的五至八分鐘，又可稱臨床死亡期，人體仍可復甦。之後，人體進入生物學死亡期，人體無法被復甦。

71

有主要條件及客觀條件呈現，是不足以生起特定的心識的。

根據佛法的觀點，當我們談到一個特定人類其安立於身體各個部位的各個心識時，我們是指補特伽羅上比較粗糙層面的心識。這些不同的心識被稱為人類的心識，因為它們依賴於人類身體的特定部位⑭。因此當一個人死亡的時候，所有依賴於身體的較粗糙層面的心識，似乎也消失了，不過有趣的是，它們出現成為心識的實體並非僅僅是由於身體的存在而發生。它們產生成為清晰而明白了知的實體，例如眼識、耳識等，取決於身體以外的因緣條件。有一個根本原因會

72

2 教授

導致這些意識成為清晰而明白了知的實體,並根據遇到的各種情況,能夠認知形色和聲音等等的意識就產生了。由此可見,有一種意識獨立於粗糙的身體之上,但是當它遇到粗糙的因緣條件,它就以意識的形式呈現。

---

⑭例如眼識安立於眼睛部位上。其他耳識、鼻識、舌識、身識分別安立於耳朵、鼻子、舌頭、身體部位上。

意識有著很細微的本質，如果你檢視那種細微的本質，那麼，造成這意識真正的、實在的原因，只能是在這意識之前的另一個意識的續流，無論有沒有身體的存在。因此，顯然有一種先天的自然的心，它是完全純淨而且清晰。當這種純淨的心接觸到身體的不同層面時，心識也依據被安立於身體什麼部位而或多或少地粗略呈現出來。但是，如果你檢視心真正的本質，它又與粗糙層次的身體無關。

這種獨立於身體而存在的純淨自然的心，稱為原始清淨之光（primordial clear light）或原始意識（primordial consciousness）──一

2 教授

種始終存在的意識。跟粗糙意識相較之下,粗糙意識是不定的,因為它們有時候存在,有時候不存在。這原始先天清淨之光明心識乃有情或補特伽羅真正的安立基礎。所以只要擁有這種心識——這種純淨的心之狀態——就稱為「有情眾生」,這是區分有情和其他生物及事物的主要標準。雖然毫無疑問地,補特伽羅或「我」是由身體與意識所聚集而成,但是原始先天清淨之光明才是補特伽羅唯一的安立基礎,而不是身體。即使植物和花朵算是有形體,可是因為它們沒有這種先天的細微意識,它們就不被稱為是補特伽羅。不管你的型態、樣子或外表如何,只要擁有意識的續流,並且有感覺、感知等等,就可以被

75

稱為補特伽羅。所以不同的論典在解釋「我」或補特伽羅時，都把它歸因於意識的續流。

儘管特定的意識會根據不同的狀況而有所不同，並且較粗糙層面的意識依賴於不同的身體部位，但是最細微層面的意識，即唯明唯知的實體——原始先天清淨之光明意識——則與身體無關。這種細微意識的本質並沒有一個起點。如果你試圖去追溯意識的起源，你可以追得很遠很遠，但你仍將無法追到你可以說這是意識開始形成的那一個起點。所以意識從無始以來就存在著，這是一種自然的法則。

76

2 教授

這樣的解釋也是比較實際的解釋，因為如果你接受意識有個起源或開始，那你要麼就得聲稱有個意識創造者，要麼就不得不說意識的生起不需任何因緣。但這樣的推斷是荒謬的，因為意識已經被解釋為無始的。如果你問為什麼它是無始的，我們只能回答說那是自然法則，法爾如是。如果我們仔細地觀察，在這世上有很多事物的連續性可以被追溯到無始的時間。但是如果你問那些事物真正的、究竟的起源，你會找不到答案。這僅僅是它們的本性。如果你問為什麼色法⑮

⑮色法：佛教術語，指一切有形的物質。

是色法，那僅僅是由於它們本性如此。如果我們說這是沒有因緣就發生，或是由不相關的因緣而發生，那麼為什麼以前可以無因緣地發生，而現在卻不能無因緣地發生呢？

因此，根據佛法觀點，如果你問意識是否有一個開始，答案是意識的續流是無始的，「我」或補特伽羅的起源是無始的，「生」也是無始的。還有，如果你再問這些事有沒有一個盡頭，如果你想的是純粹意識的續流本身，或純粹補特伽羅的續流本身，答案也一樣是否定的。但是心的不清淨狀態以及補特伽羅的不清淨狀態是有盡頭的；還

78

2 教授

有，「生」也是有盡頭的，因為通常我們談到「生」時，我們指的是受染污業和煩惱所產生的東西。

因為生是無始的，所以之後痛苦和快樂的經驗，都跟之前所造的業有關。一個人在多生多世中所累積的各種善、惡業，都造成不同生命的結果有關。舉例來說，如果這一生你做了一些善或惡的行為，之後你將遭遇這些行為的後果。同樣地，你前世有可能造了一些善業或惡業，你的來世或這一世就會遭受這些業的果報。如果你沒有累積這些業，你就永遠不會遭遇這些果報。換句話說，如果你已經造了

一個特定的業，一般來說你就永遠逃不掉果報的來臨，遲早這個業會成熟感果。同樣地，如果一個人造了善業，它的果報也絕對會是正面的。這種業叫做「定業」。可是也有一種業所產生的果報是不定的，因為沒有遇到適當的條件或情況讓果報呈現。此外，還有一種業看似無足輕重，但其結果卻會根據環境、情況和條件，而迅速、加倍地增加。所以，有許多種的業——定業、不定業、增長業；還有，沒有造感得果報的業因，就一定不會遇到果報；以及一旦造了業，業絕對不會消失，一定會感果的這些事實⑯。

2 教授

通常，我們所有的日常活動都源於某些願望或欲望。例如，如果你想去哪裡，你就會啟程出發；如果你想要吃東西，你就會去尋找吃的東西，然後把它吃下去。欲望可以分為兩類，一類是符合邏輯並有創造性的。例如，希望從輪迴裡獲得解脫的願望導致一種合理的承諾，所以是健全的、符合邏輯的欲望。反過來說，對一個特定的對象生起貪著，例如你想要得到什麼東西或達到什麼目

⑯ 此處關於業之總相，可參考《菩提道次第廣論》〈下士道・思總業果〉：一、業決定理；二、業增長廣大；三、所未造業不會遇；四、已造之業不失壞。

標，那就是一種不清淨的欲望，而這種欲望通常是來自於對事物的錯誤概念，把它看成獨立實質的存在。我們在輪迴當中大部分所做的事，以及我們所生起的欲望，都是這種不合邏輯的推理結果。

熟習我們具有正向特質的心，並試圖達到像是解脫的這種目標，這樣的欲望是符合邏輯的欲望。不過，在某些情況下，一個人想要獲得解脫的願望，可能是受到真實存在⑰概念的輔助。然而，希望世間美滿的願望，都是基於真實存在概念而產生的無知。因此，基於這些理由，最好把欲望分為兩類：一種是正確推理的結果，另一種是錯誤

2 教授

推理的結果。

基於真實存在概念的欲望，結果就是流轉輪迴。不過，還有一種欲望是基於合理的推論，它不會造成流轉輪迴，而是會渴望達到佛、法、僧與超越苦痛之涅槃境界的這種至高成就與特質。有一種想達到這種成就的願望和欲望。

⑰真實存在：同「實質存在」。

如果我們不把欲望分成這兩類的話，我們可能會以為希望獲得解脫是不適當的；渴望宗教修行是不妥當的；甚至希求快樂也是不恰當的。每個人都有不同的方式來渴望自己的幸福，這毫無疑問；但是要清楚的是，只要我們有對「眞實存在的我」⑱的貪著和概念，輪迴流轉的業行就會繼續被創造出來。

2 教授

生起出離心之量

一般來說，業一旦造了，一定會感得果報。因此，儘管我們現在可能正在享受輪迴的樂趣，而劇烈的痛苦還沒有顯現出來，但是由於我們無法擺脫業的枷鎖和牢籠，所以我們沒有安全感，也無法保證能有持久的幸福。這是接下來這一個偈頌所要說的觀點：

⑱ 真實存在的我，即把補特伽羅看成真實、實質的存在，而非緣起觀待。

（第五偈）

以這樣的方式使自己熟悉和串習，
若你對輪迴盛事剎那欣羨都不生，
若你日日夜夜都祈求著獲得解脫，
那時你可說是已經生起了出離心。

藉由了解業果的絕對無謬法則，你能清楚地看到，除非你的業完全淨化了，否則在輪迴裡不論你找到任何表相上的享受和樂趣都是不可靠的。了解了這點，你就不會被輪迴的享受所迷惑，而且能把對今

86

2 教授

身為輪迴中的人道眾生,我們一般會遭遇四種痛苦:生、老、病、死。從一出生我們就得面對各種痛苦,我們的人生從痛苦開始;老化的過程同時開始,我們也開始經歷不同程度的疾病。即使我們很健康,我們還是會碰到許多的障礙和混亂。最後,我們一生的篇章以死亡的痛苦終了。

當我們談論在輪迴流轉中的眾生,我們指的是在染污業及煩惱中生的貪著轉向來生。

無法自主的眾生。因為我們在染污業及煩惱的掌控下，我們必須不斷地投生，所以才叫做「輪迴」。染污業與煩惱這兩個當中，主要是煩惱讓我們在輪迴中流轉。當我們不再有煩惱，我們就證得解脫。煩惱是一種心理狀態，當它們在我們的心相續中生起時，會帶給我們擾亂、困惑和不快樂。因此，這些迷惑我們、會使我們痛苦的心理狀態，稱為煩惱或破壞性情緒。它們具有負面的特質，當它們在我們心中生起時，會讓我們不快樂。真正使我們痛苦的，是這些內在的干擾，而不是外在的因緣條件。

88

2 教授

只要這些壞蛋在我們內心居留，我們就不可能快樂。所以如果我們真的想要轉化自己，並獲得最大的快樂，我們一定要辨認這些迷妄的心理狀態，而且要消滅它們。證悟——一種最快樂的境界——是無法用任何方法實現，除非轉變我們的內心。通常，我們一般會認為，諸如貪著和瞋怒之類的煩惱，有著能使生活有意義和充滿活力的特質。我們以為，如果沒有貪著和瞋怒，我們整個社會或團體會變得黯淡無趣、缺乏生命力。但是如果你仔細審視，並權衡像貪著和瞋怒這些煩惱的優點與缺點，你可能會發現，從短期來看，它們會減輕你的一些痛苦並且讓你的生活多采多姿；但是再仔細檢視，你會發現，我

們越少這些煩惱，即使生活可能因此看似不那麼緊迫，我們卻增長了越多內在的平靜、內在的力量，以及持久的快樂。於是，因為我們內心快樂，我們的身體健康將因而改善，我們也將能順利地去造善業。

當然，你可能覺得你現在的生活黯淡無光、枯燥乏味且沒有意義。不過，如果你去尋求自己和其他眾生的長遠利益並仔細考量的話，你會注意到，你越能控制你的煩惱，你內心就會越平靜，身體就會越健康。在追求身體的健康時，很多人會去做各種的瑜伽運動。毫無疑問地，這對他們非常好，可是如果他們還能夠做一些心理瑜伽就

90

2 教授

更好了。簡而言之，只要你的內心不安、不健全，你就會繼續遭遇各種困難和痛苦；只要你的心能在自己的掌握之中，有紀律地訓練，並且沒有上述那些煩惱的過患，你將會得到更多內在的力量、平靜、安詳和穩定，結果，你將變得更有創造力。從我們自己的經驗——當我們的心越被煩惱的過患所擾亂，我們就會越痛苦——我們可因而推論：當我們的心完全清淨時，我們的快樂經驗將變得穩定。

解脫是可能的嗎？

講到這裡，我們已經討論了輪迴的過患、痛苦和煩惱。一方面，我們必須思惟這些輪迴的過患和痛苦，然後對它們生起厭惡之心；另一方面，我們需要確定能否證得涅槃——痛苦的終止，煩惱的徹底滅除。你可能會問：真的有一個方法可以讓我們獲得解脫嗎？或是有一個方法可以讓我們徹底滅除痛苦及煩惱嗎？問這問題之前，我們或許應該先問：涅槃或解脫是否確實存在？

2 教授

當煩惱垢染被對治而徹底滅除的時刻，解脫或寂滅就成為心的本質。當你思惟著輪迴的痛苦並對這些痛苦感到厭倦，你將轉而嚮往涅槃、解脫。讓我們這樣說好了，我們有一個染污且迷妄的心，當這特定心識相續體前一刹那的染污被完全滅除的時候，這種清淨心識的本質就是解脫、涅槃，或真正的寂滅。換句話說，這是在教導我們目前身處其中的輪迴不是永恆的，因為它是出於因緣和合而且是可以對治的。

如果你問：輪迴的因是什麼？輪迴是由於無明而有，這個無明亦即真實存在的概念。那麼什麼是無明的解藥呢？那就是了悟空性的智慧或了悟諸法真正本質的智慧。現在這兩種特質——輪迴起因的無明和對治無明的空性慧——在我們的心相續中是無法同時並存的，因為它們是互相排斥、相衝突的。雖然兩者都是觀察同樣的對境，但是它們對於對境的理解方式卻是完全相反。因此它們可說是無法在一個補特伽羅的心相續中同時以相等的力量存在。隨著一個被加強，另一個就被削弱。

2 教授

如果你仔細檢查無明和空性慧這兩個的特質，你會發現，無明不具有有效可信的支持或根據，而空性慧則是有的。任何特質若具有有效可信的根據，就能夠被加強並且能無限地發展。換句話說，因為真實存在的概念缺乏有效可信的根據，當它碰到空性慧——基於正確推理的有效可信的心，無明就會被削弱而最終可以被完全滅除。所以，了悟諸法本質的智慧，終能將輪迴的根源——無明——連根拔除。

當我們內心冷靜且清明時，如果能檢視：貪著與瞋怒如何在我們心中生起，我們如何貪戀對境，對境又如何對我們呈現，以及我們如

何對對境產生真實存在的概念？能這樣檢視，我們就能夠看到這些煩惱是如何在我們心中產生。儘管我們可能無法獲得現證的了解，但我們可以做出一些正確的推測。

真實存在的概念如何支撐貪著與瞋怒的生起？例如，當你對某人非常生氣的時候，你注意一下那時刻你看那個人是完全地令人厭惡、令人不舒服。然後，後來一位朋友告訴你說，不是的，那個人並不是那麼完全地令人討厭，因為他也有這個或那個長處。一聽到這些話，你改變了心意，不再看那個讓你生氣的人那麼完全地令你厭惡和不舒

96

服。這就清楚地說明了，從一開始，當你生起貪著或瞋怒等等的煩惱時，你的心理傾向就是看那個特定的人或對境不僅僅是令人舒服而已，而是完全地令人不舒服或完全地令人舒服。如果這個人和藹可親，你就會看他完全地有吸引力，百分之百地吸引人；如果你在生他的氣，你看他就會覺得他一點都不可愛。也就是說，不管他們擁有什麼特質，你把他們所擁有的特質都看成獨立實質存在。因此，將諸法理解為實質存在或真實存在的這種模式，為諸如貪著和瞋怒等的煩惱提供了堅實的基礎。

透過這樣的解釋，你可以假設：總地來說，解脫或涅槃的特質是存在的。它也是一個存在的法。它不僅是存在，而且是你可以在心相續當中證得的。如果你思惟輪迴的過患和痛苦，以及思惟自己消除這些痛苦而有證得解脫可能性的利益，用思惟這兩點來鍛鍊自己，你就能夠生起想要完全脫離輪迴的決心，也就是出離心。

菩提心的根本

接下來的偈頌在解釋菩提心的產生。首先說明生起利他心的需要與目的：

(第六偈)

如果出離心不是
由清淨的菩提心所攝持，

它將不會成為無上正等正覺的圓滿因；因此智者應發起菩提心。

無論你的出離心修得多純熟，除非你生起利他心，強烈地希望能利益眾生，否則你將不可能證悟成佛。在這方面，龍樹菩薩在《寶鬘論》中說：

「如果你和這個世間一切的人都希望證得無上正等正覺，菩提心乃其根本。」⑲

2 教授

產生為利益他人而願證悟成佛的基礎是悲心,而悲心有很多種。

一種悲心是想著:「如果眾生都能遠離痛苦該有多好啊!」還有另一層次的悲心,它不僅包括剛剛說的這種想法而已,而且還具有更大的勇氣。這種悲心能引出一種特殊的決心[20],就是:「我要親自承擔起

---

[19] 出自《寶鬘論》第一品第 74-75 偈:「欲自及世間,得無上菩提,菩提心為本,堅固如山王。」(仁光法師譯)

[20] 這種特殊的決心稱為「增上意樂」,即「我要承擔一切有情離苦得樂的重擔」的願行。小乘也有悲心,但無增上意樂的悲心。見宗喀巴大師《菩提道次第廣論》〈上士道‧菩提心次第‧七因果〉。

101

讓眾生都能遠離痛苦的責任！」即使是聲聞阿羅漢㉑和獨覺也強烈地希望眾生能遠離痛苦。同樣地，我們自己有時候也會生起這種悲心：「如果眾生能遠離痛苦該有多好！」例如，看到一個人或動物沒人照顧很可憐，我們可能生起很強烈的悲心，希望能消除那個眾生的痛苦。

同樣重要的是要注意，當我們悲心的對象是我們喜歡的人時，我們的同情是基於貪著而不是悲心。換句話說，如果看見一隻沒人照顧的動物例如流浪狗在受苦，你對牠沒有絲毫貪著而對牠生起憐憫同情

102

2 教授

心，那才是清淨的悲心。

現在，聲聞和獨覺生起的悲心比我們一般人生起的悲心層次還要高許多，因為，他們看到整個輪迴遍布著痛苦，因而對所有的眾生生起了悲心。而我們凡夫無法看到整個輪迴的痛苦，我們只是看到特定生物的痛苦，我們把這些痛苦視為對方的某種缺陷或過失。然而，聲

㉑阿羅漢為小乘的究竟果位。獨覺則生於無佛出世的時代，觀察外界現象的生滅變異而無師自悟，故名獨覺。由於觀緣起法而覺悟，因此能破除少分習氣，不像阿羅漢習氣全存，所以勝於聲聞。

聞和獨覺並不會有引發他們自己要承擔解脫眾生之責的悲心。

菩薩所生起的悲心是最高層次的。他們不只希望眾生能脫離痛苦，還自願為眾生脫離痛苦這件事情承擔起責任。這就是所謂的大悲心。正是這種大悲心，架構起菩薩為利有情願成佛的基礎，也是這種大悲心引發了這種特別的心態。因為如此，所以我們在經文中經常能看到「大悲心是菩提心之根本」的這種敘述。為了生起這樣的大悲心，你必須辨認哪個眾生在遭受哪樣的痛苦，並且把那個眾生視為親切可愛的。

生起菩提心

這第七偈和第八偈的前兩句，在說明培養菩提心的方法。

（第七偈）

眾生被四大湍流沖走，
被業繩緊縛無以解開，
陷入自我概念的鐵網，
完全被無明大闇所籠罩⋯⋯

（第八偈前兩句）

在無盡的輪迴中不斷地投生，

不斷地受三苦所折磨——

思惟如母有情都在如此境況，

我們應當生起殊勝的菩提心。

在這裡「如母有情」這一詞，說明了苦難眾生和你不是完全不相關的。他們在多生多世中都曾經當過你的母親，而且對你極為和藹親切。因此，看到他們你應該會非常高興愉快。當了解到你的母親們如

106

2 教授

何地受苦,將激使你生起一種無法忍受的感覺。透過認識到你與眾生如何緊密連繫的心理過程,你將能夠產生極大的悲心,從而引發菩提心。這個偈頌說明眾生被四條湍急的河流沖走,四大湍流有時可以是指眾生在輪迴中投生的四個原因㉒,有時也可以是指投生輪迴中的四個結果。這裡的四大湍流指的是後者,也就是我們在輪迴中遇到的四種沒人想要的痛苦:出生、衰老、疾病和死亡。也就是說,我們完全

㉒ 四大湍流若是指眾生在輪迴中投生的四個原因,即為四瀑流,又稱四流,分別為欲瀑流、有瀑流、見瀑流、無明瀑流。欲瀑流為欲界的煩惱,有瀑流為色界及無色界的煩惱,見瀑流為三界的見煩惱,無明瀑流為三界的無明。

處在被非常強大、不可逆轉、備受染污的業行所控制之下，因為如此，我們經歷了這四種痛苦。

這樣嚴重染污的業行，也源自於強而有力的煩惱，如瞋怒和貪著之類。而這些煩惱又源自於（真實存在）自我的強力概念。這種自我概念被比喻為強大的鐵網，我們因此而身陷輪迴之中。強烈的自我概念意味著它是穩定且不受挑戰的。自我的概念越強，瞋怒和貪著之類的煩惱就越強。煩惱越強，將我們投生於輪迴的業就越強。而將我們投生於輪迴的業越強，我們受到的痛苦就越強。

2 教授

會有這種對自我的錯誤概念，是由於我們四面八方都被無明大闇所籠罩著。從上下文來看，這個讓我們身陷輪迴陷阱的錯誤自我概念，指的是對補特伽羅自我的錯誤概念，因為下一句說眾生完全被無明的巨大黑闇所迷惑、所籠罩。通常，對自我本身的錯誤概念指的是無明，但我們可以解釋成兩種：對自我的錯誤概念以及無明，前者對自我的錯誤概念是指對補特伽羅自我的錯誤概念（補特伽羅我執或人我執）；而後者的無明則是指對諸法本身的錯誤概念（法我執），即把諸法認為是真實存在的錯誤概念。

我們對諸法真實存在的這種錯誤概念，換句話說，我們強烈執取身體所具的吸引力，是對我們自己產生過多貪著的基礎。因此法我執是補特伽羅我執的基礎。當你觀察你心續中的「我」，然後產生一種「我」的感覺時，那便是一個真實存在的「我」的概念，這就叫做「身見」㉓。所以因於法我執而引生了身見，然後由身見又刺激了業的累積。然後因為法我執和補特伽羅我執，我們不由自主地在輪迴裡投生，並且在無法估量的時間裡經歷著持續不斷的痛苦，例如出生、衰老、疾病等等。

2 教授

現在,後續結果的停止,取決於前面原因的停止。如果強烈的業因已經造下去了,那麼無論你多麼不甘願,你都必須承受它們的果報。如果你是以這種方式思惟,那麼你越怨恨痛苦,你就會越厭惡造成痛苦的原因。這些偈頌在解釋生起出離以及解脫的決心,方法有二:一是透過思惟真正的痛苦,即思惟輪迴的過患和痛苦;二是透過

㉓ 身見:又稱薩伽耶見,五種錯誤見解之一。五種錯誤見解為身見、邊見、邪見、見取見、戒禁取見,又名五見,是障礙成就佛道的五種不正確觀念。其中身見就是「執著五蘊假和合之身為實有」的錯誤見解。

思惟痛苦的真正根源。當這偈頌在解釋生、老、病、死四種痛苦及其他種種的苦，就是在闡明真正的痛苦；而當偈頌解釋諸如真實存在、無明和染污業等概念的因素時，就是在闡明痛苦的真正根源。以這種方式，闡明了四聖諦的苦諦和集諦這兩個真理。

如果你思惟輪迴的痛苦及其根源，是因為跟其他眾生有關，就會導向悲心的修行。但是，如果你思惟這些痛苦及其根源，只是跟你自己有關，那就會引導你走向生起解脫的決心。

112

2 教授

昨天我們討論到各種不同層次的痛苦,以及如何生起希求利益一切眾生的利他心態。第八偈的後兩句說:

(第八偈後兩句)

思惟如母有情都在如此境況,
我們應當生起殊勝的菩提心。

也就是說,我們必須先觀察眾生所受的種種苦,然後對他們產生強烈的親近感和親愛感。你對其他眾生越有親近的感覺,你就越容易

生起無法容忍他們在受苦的覺受。因此，我們應該把所有的眾生都視為是我們的親人，比如我們的母親。

為了生起關心其他眾生的這種心態，我們必須首先了解輪迴無始的本質。因為輪迴無始，在輪迴裡投生的眾生也是無始的，因此，沒有一個眾生你可以說你跟他沒有像親人（比如你的母親）般的關係。

為了對所有眾生生起一種強烈的親近感和親愛感，你必須先對所有眾生生起一種強烈的平等感（平等捨㉔）。基於這種覺受，你可以

114

2 教授

和所有的眾生產生一種親屬關係，並將所有眾生視為你的母親。接著你才能夠帶給眾生慈愛，就像你對當前養育你的家庭所給予的慈愛一樣。當你將所有眾生都視為自己的親人並記住他們的好時，你將能夠產生一種珍愛他們的態度，而將他們放在你的心上。

㉔平等捨：「捨」是「放下」，「放下」對一切人、事、物「好」及「不好」的「執著」，對眾生平等看待。有了平等捨之心，修起慈心、悲心和喜心時，才能平等饒益一切眾生，不受個人喜怒哀樂、偏頗執著的限制。

另一種生起利他心的方法是自他換㉕。這是可能做到的，因為其他眾生都跟你一樣想要快樂、不要痛苦。眾生跟你一樣，都具有離苦得樂的能力和機會。像你一樣，眾生也都有消除煩惱及獲得最大快樂的權利。所以，從所有這些角度來看，你跟眾生都是相同的，儘管其他的眾生是數不盡的，但你並非與他們無關，因為從世俗的角度來講，你非常依賴他們。即便你在修行道上打坐禪修，也是要專注於眾生；最後，到最究竟的證悟成佛，即所謂的「任運成就他人願望者」，也是需要依靠眾生而成就。由此可見，我們從身處輪迴之時，以及學佛修道時期，直到最後修到成就佛果位的時刻，都與眾生息息

2 教授

相關並且必須依賴他們。

現在，你已看到你與所有其他眾生有著緊密的連繫，因此，你如果忽略他們的利益而只追求你自己一個人的利益，是很愚蠢的。換句話說，為了大多數眾生的利益而忽略自己一個人的利益，是很明智的。我們這一生中所享用的所有歡樂和便利設施，例如財富、財產、名望和友誼，都是由依賴其他眾生而獲得。我們不能以為我們享用任

㉕ 見宗喀巴大師《菩提道次第廣論》〈上士道‧菩提心次第‧自他換〉。

何東西是僅憑自己的努力而沒有其他眾生的幫忙。尤其是現今這個時代，我們喜歡的一切——食物、衣服和其他種種——都是由他人在不同的製造公司工作而生產的。在你自家的小花園或庭院中，幾乎什麼也沒種植或生產。

我們吃由他人的雙手生產的罐裝水果。當我們乘坐飛機旅行時，我們依賴許多人，他們提供、參與了讓飛機行駛的工作和設施。在現代社會中，我們不能不依靠其他人而生存。同樣地，沒有其他人，你也不會享有聲譽和名望。即使你可能已經具有能夠據以成就名望和聲

118

2 教授

譽的某些特質,但如果其他人不知道這些特質,那麼你想成名也毫無希望可言。

如果你仔細想想,即使是你通常視為對手且完全不喜歡的敵人,他也給予你機會,培養你的耐心、勇氣和力量等許多特質。寂天菩薩㉖在他的《入菩薩行論》〈安忍品〉章節中,有關於如何對敵人修安忍

㉖ 寂天菩薩:八世紀初,古印度那爛陀寺著名佛教學者,屬中觀應成派,為中觀派晚期極具開創性的思想家。著有《入菩薩行論》流傳於世。

並將他視為珍寶的教導。這對於修學佛法者特別重要。如果你能夠看到自己如何從敵人那裡獲得這些優良的特質，那麼你也將能夠對他產生好感。

通常敵人是你所鄙視的對象，如果你能夠對敵人產生如前所說的正面心態，那麼你對與你沒有特別關係的眾生也將輕而易舉地產生關懷和關心的感覺，當然對你的親友就更不成問題了。為了生起這種心態，你沒有必要一個一個地去識別所有眾生。例如，你可以從一棵特定的樹的特質就推斷出所有樹都具有某些共同特徵，而不必個別地去

120

2 教授

認識每一棵樹。同樣地,透過檢視自己的處境,你可以得出結論:所有的眾生都在渴望快樂而又不想遭受痛苦。藉此,你將很容易生起悲心,這是一種渴望和志向,認為:如果所有眾生都能消除痛苦,那會是多麼美好!如果你能夠對眾生的痛苦有清楚的了解,那麼你也將能夠產生一種慈心,那就是想著:如果所有眾生都能感到幸福快樂,那將會是多麼美好!

基於這兩個願望——慈心與悲心——你將生起一種特殊的心態,即自己要承擔起斷除這些痛苦的責任,這將使你想要為了所有眾生

而獲得最高的證悟——成佛。這種爲了眾生而要證悟成佛的利他願望就叫做菩提心。至於如何衡量菩提心和出離心之量，在前面已經解釋了。

2 教授

了悟空性之必要

從這裡開始,將解釋空性的本質和了悟空性的智慧。首先解釋生起了悟空性本質這種智慧的必要性。智慧有很多種:能理解諸如各種科學之類的世間萬法的智慧;以及能理解諸法究竟真實本質的智慧。

如果你不具備智慧了悟存在的究竟實相,那麼無論你對出離心或是對菩提心的渴望是多麼強烈,你都將無法破除真實存在的概念,真實存在的概念是輪迴所以存在的根本原因。因此你應該努力地去了悟緣

起㉗的道理。

(第九偈)

如果沒有智慧了悟存在的究竟本質，
即使你已經很熟習出離心和菩提心，
但輪迴的根本仍然不能被截斷；
因此要努力於了悟緣起的道理。

所有佛教傳統都接受緣起含義的一般解釋，例如因果關係的緣

124

2 教授

起。但是，這個偈頌指的是細微的緣起，即某法是依賴於它的各個部分而存在。換句話說，在條件關係中特定效果或特定之法的產生僅依賴特定原因和條件（因果緣起），而另一種緣起的含義是觀待他者而存在的緣起（觀待緣起）。例如，當我們談論整體的一部分時，相對於「整體」而言，我們稱其為「一部分」；同樣地，「整體」之所以是整體，只是相對於它的各個部分而言。從這個角度而言，「部分」和「整體」是互相觀待和依賴的。同樣地，長、短之類的特質也具有互相

㉗ 緣起：重要佛教術語，一切有為法都是因各種因緣和合而成，此理即為緣起。

觀待的意義，因為我們使用這些詞來描述相較於其他事物的對象。

在另一個層次上，諸法也被稱為緣起，因為諸法都是依賴於它們的命名基礎而出現的，並且依賴於給予它們命名的心（名言安立的緣起）。第一種含義的緣起僅適用於有條件的法（有為法），而後兩者適用於所有的法——有條件的無常法與無條件的常法（有為法與無為法）㉘。

在這裡的緣起是屬於細微的緣起，亦即諸法的存在僅是由名稱和

2 教授

分別心的安立而存在。換句話說,當我們說諸法是通過言詞和名稱的力量並依賴命名而存在時,我們是在解釋:當緣起出現時,僅是由於名稱的力量而安立存在。從究竟的角度而言,這只是「實質存在空」㉙。

這意味著,由於一個法無法由它自己方面而成立,它缺乏實質的存在,而且它需要依賴其他條件而存在。這裡「其他條件」指的是命名和給予命名的分別心。諸法的存在僅僅是靠命名的力量而安立,也因

㉘ 佛法所言「常」與「無常」的差異並非來自永恆存在與否,而是由「是否剎那轉變」而去區分。「有為法」與「無為法」的差異是以「有無因果的作為」而去區別。

㉙ 「空」即否定詞「不是」或「沒有」的意思。「實質存在空」即「非實質存在」。

此諸法是自主存在空。反過來說，因為諸法是自主存在空，所以它是透過命名的力量而存在。

上述這些是細微空性的解釋。當我們談論空性的意義時，我們所討論的是某種在對境上所沒有的東西。諸法是獨立存在空、實質存在空、自方存在空。這三種——獨立存在、實質存在、自方存在——都是被否定的對象。「空」即意味著對境沒有或不是這些東西。之所以這樣說，是因為諸法依賴於其他的法，它們依賴於名稱和給予命名的分別心。

2 教授

當我們解釋諸法依賴於它們的部分、名稱和命名，我們是在說明它們沒有實質的存在，因為「依賴」與「獨立」是正相違的用語。諸法的存在方式或是以依賴方式而存在，或是以獨立方式而存在，它們不能俱以兩種方式而存在。由於這兩個用語是互相排斥的，因此諸法只能是以這一種或另一種方式存在，而且也不可能介於兩者之間而存在。換句話說，「人」和「馬」是相違的，但不是正相違的，因為可能存在第三類，例如「狗」，它既不是馬也不是人。但是「人」和「非人」是正相違，好比我們說某法非A即B，只有這兩類，即「人」或「非人」，那就不可能有第三類。因此，透過緣起的推理，「無有

129

實質存在」是可以確定的。

當我們使用「空」一詞時,它與我們通常對「沒有某些東西」或「空無」的想法有些相似。但是,如果你認為空性僅僅是什麼都沒有,那麼你的理解是不完整的。我們應該將空性理解為「沒有實質的存在」。因為諸法沒有實質的存在,一切法的存在方式不是獨立存在,但是它們是存在的。這種對空性的理解可以透過理解緣起的含義來獲得,因為緣起意味著諸法皆依賴於其他法而存在。它們不是獨立而存在,不是由它們自己方面而存在。如果諸法依賴於其他法而存

130

2 教授

在，那明顯地表示它們的確存在。

有時，空性被解釋為「中道」（the middle way）的意思，這表示一個中心拿掉了兩邊的極端。一種極端是認為，如果諸法不是實質存在的，那麼它們根本就不存在——這是虛無主義的極端（無邊或斷邊）。另一個極端是認為，如果諸法存在，那麼它們必須實質地存在——這是恆有主義的極端（有邊或常邊）。一方面，如果我們對空性有一個很好的理解，那麼我們將理解，由於諸法依賴於分別心和名稱等而存在，因此它們具有名言的存在——也就是說，它們的確存

131

在。這就避免了虛無主義的極端。另一方面，當你思惟諸法如何依賴於分別心和名稱而存在時，明顯可見它們沒有獨立的存在。這就避免了恆有主義的極端。如果某法根本就不存在，那麼說它依賴於其他法就沒有任何意義。

下一偈闡明並指出生起了悟空性智慧的必要性。

（第十偈）

對於輪迴之內與之外㉚的一切諸法，

當看到其中因果法則的毫無謬誤，

132

2 教授

並且破除了所有實質存在的感知,那就是步入了使佛陀歡喜的道路。

這意味著,如果你能夠清楚地確定緣起的絕對正確性並產生了定解,而且在不損害理解緣起的前提下,你能夠破除諸法實質存在的感知,那麼你就步入了使佛陀歡喜的道路。這一偈前兩句提出了這樣的一個主張:如果你理解到因果法則在輪迴之內和之外都是絕對正確

㉚ 輪迴之外:指脫離輪迴的涅槃。

的，並且還可以斷定有因果的功能和因果的存在，而不是認為其不存在，那麼你就能消除虛無主義的極端。接下來的兩句意味著，透過對因果關係法則的理解，你將了解，儘管萬事萬物存在，但它們並不是獨立存在或實質存在，於是你將能夠破除萬事萬物實質存在的概念。

因此，這些句子是解釋：儘管因果關係有在起作用，但它並不是以實質的方式在起作用。事實上，實質存在是所要否定的對象，並且會被真實的感知所破除。這就消除了恆有主義的極端。總地來說，整個佛法教義可以歸納為以下四個陳述㉛：一切有為法都是無常的；一

134

2 教授

切有煩惱染污的法都是痛苦的；一切法都是空的並且無有自我存在；涅槃就是寂靜。從這四方面可以清楚地看出，大多數佛教學派中，除了毗婆沙宗㉜的犢子部（Vatsiputriyas）等某些支派之外，都接受佛法對「無我」的解釋。

㉛ 佛法義理總綱不離四法印：一、一切存在都是暫時的（諸行無常）；二、一切暫時的存在都是各種條件和因緣和合而成的（諸法無我）；三、執著於建立在這之上的一切情感、感受、感知、色形，都是痛苦的（有漏皆苦）；四、超越一切，不執著於一切，包括涅槃這一概念本身也要被超越（涅槃寂靜）。

㉜ 毗婆沙宗：是印度佛教「上座部」之下「說一切有部」的主流，簡稱「有部」，相信「一切有為、無為諸法之本體皆為實有」，主要依據的論典即《大毗婆沙論》，故稱為「毗婆沙宗」。

藏傳佛教的四個學派㉝都接受「無我」是沒有一個獨立或自主的補特伽羅，這意味著，沒有一個補特伽羅能夠完全地獨立於身與心的聚合體之外。如果你將身、心的聚合體視為可以被控制的主體，將補特伽羅視為控制者、視為完全獨立於這個聚合體之外，那麼你就持有補特伽羅是堅實獨立存在的錯誤看法。

藏傳佛教四個學派的宗義都接受沒有能獨立於身心聚合體之外這樣的補特伽羅。這種理解削弱我們對補特伽羅——幸福和痛苦的受用者——成為堅實者的強烈渴望，但是，這對於看到其他受用之物而產

136

2 教授

生的貪著、瞋怒等方面似乎並沒有削弱的效果。一般來說，與我們自身相關的貪著、瞋怒等情緒會更強烈，因為我們認為是「我的」受用之物、「我的」親戚或「我的」念珠。

如果受用之物不屬於你的，那麼你可能對「獨立自主的補特伽羅」沒有很強烈的感覺，但是如果你擁有某些東西，那麼這種感覺就會更強烈。如果你比較買東西前後的兩種態度，就會很明顯地感

㉝ 藏傳佛教四個學派：毗婆沙宗、經部宗、唯識宗、中觀宗。

覺到不同，就讓我們說買一隻手錶好了。首先你購買它，然後開始想著「這是我的手錶」和「這些是我的衣服」……以此類推。由於擁有「我的」的感覺，即擁有事物的感覺，你對事物所屬的補特伽羅就產生了非常強烈的感覺。這樣的補特伽羅就叫「獨立自主的補特伽羅」。如果你跟擁有強烈自我意識的人談論獨立自主的補特伽羅並不存在，那麼這將有助於減低他們對自己所擁有物的貪著。

除了對補特伽羅無我的這種解釋，當我們研究最高宗義的學派——唯識宗和中觀宗——時，我們發現此二宗不僅對補特伽羅的無

2 教授

我、而且對法的無我有更細微的解釋。就唯識宗的解釋,當我們涉及諸如形狀和聲音等不同的受用之物時,它們的顯現是由於我們意識上印記的醒覺。所以,根據唯識宗的解釋,所有各種不同的法對我們顯現,僅僅是因為留在心上的印記醒覺,然後我們去體驗並受用它們。換句話說,所有的法都是心的本性,沒有任何外在的法的存在。

這是對空性的一種解釋,是減少對所受用物貪著的一種方法。但是,中觀宗的解釋是:沒有任何從自己方面實質存在的法,無論是補特伽羅(受用者)還是所受用物,因為他們都只是由分別心所安立

的。分別心安立了名稱，然後該法就存在了。諸法並不是由它們自己方面成立，而是由名言和分別心而安立。根據這種解釋，諸法都有其自身的特徵和性質，但是特定之法的所有這些特徵都是依賴於其他法而存在，它們並沒有自己方面特定的存在方式。

在中觀宗的學派中，有兩種㉞關於空性的解釋。根據中觀自續派的說法，諸法的存在，必須具備兩個條件：一方面，某法必須在有效心㉟上顯現，即該法是從自己方面成立；同時另一方面，對此內心顯現的對境，必須再由分別心安立其為何種法，即該法必須有名言安

140

2 教授

立。當滿足這兩個條件時，內心即生起該法存在的認知。

然而，除了由心所安立之外，其實並沒有任何法是由它們自己方面成立。最微妙的解釋是在中觀應成派裡。該派指出，儘管我們可以

㉞ 中觀宗又可分為兩個學派：自續派和應成派。自續派以清辨、蓮花戒論師的主張為代表，應成派則以佛護、月稱論師為代表。自續派因為在論辯時會先建立自宗看法，再用自宗看法以辯破他宗，故稱為「中觀自續派」。應成派主張直接通過「應成」辯破他宗自相存在的說法，即可在所化機相續中生起證悟無我的智慧，故被稱為「中觀應成派」。

㉟ 有效心：即沒有內外因緣違害的正確心識。以眼識為例，內緣正常的眼根，外緣無雲遮掩，因此眼識可以清楚而正確地看到明月，於此即稱正確有效的心識。

141

指出諸如形狀、聲音、山脈、房屋等事物，但它們並不像我們通常所認爲的那樣存在。通常，事物在我們的意識中顯現，似乎它們就是由它自己方面成立的，但是應成派的論者說，事物根本就不是由自己方面成立而存在。它們僅有世俗的、名言的存在。因此，如果事物以它們顯現在我們面前的方式存在的話，那麼當我們嘗試去尋找、檢視和分析所安立的對境時，它應該變得越來越清晰。但是事實並非如此。當我們嘗試檢視和分析我們所感知的事物的本質時，我們無法找到它們。相反地，它們消失了。這說明了諸法沒有任何一點實質的存在，也沒有其自己方面的存在。

2 教授

根據自續派的主張,證明事物存在的基準是由事物自己方面成立。但是應成派論者說,事物根本就不由自己方面成立,因為它們僅是由心安立的。對應成派論者來說,「諸法由自己方面存在」是所要破除的,沒有這種實質存在或自方存在就是空性的含義。

如果你能夠藉由了悟諸法不是實質存在,而是僅依賴於因緣,例如唯由名稱和分別心所安立,來察覺諸法的真實本質,那麼你將會步入使佛陀歡喜的道路。通常,當物體、形狀或聲音顯現在我們面前時,似乎就像它具有獨立或堅實的存在而並不依賴於原因、條件、名

143

稱、分別心等等，但這不是它真實的存在方式。因此，如果你了解諸法是依賴於這些東西而存在的，從而消除了它們是獨立存在的錯誤概念，那麼你已經理解了正確的道路。

另一方面，你可能會思惟諸法是如何顯現，以及思惟其緣起的無錯謬性，但卻無法產生「它們沒有實質存在」這樣的了悟；或者，當你思惟諸法的空性或思惟它們沒有實質存在時，你可能無法接受其緣起的無錯謬性。當你必須將這兩種理解別別無關地輪替思惟，而無法將它們一併考量時，那你就尚未了悟到佛陀思想的要義。如以下的偈

144

2 教授

頌所說：

(第十一偈)

諸法是無錯謬的緣起；
空性是遠離執著無自性。
只要視此二種理解為別別無關，
那麼你仍尚未了悟佛陀的密義。

雖然諸法不具有實質的存在，但是它們具有名言的存在。當我們

在鏡子裡看到自己的臉的反射，這反射不是臉本身。換句話說，鏡中的反射沒有真實的臉；但即使臉的反射不是臉，卻也出現臉的反射。這反射雖然完全不是真實的臉，但它的確存在。它是由因緣和合而生，也會由因緣和合而散。同樣地，雖然諸法獨立於因緣條件之外是不存在的，但它們仍有名言的存在。

如果你以這種方式仔細地檢視自己或任何其他法，你會發現，儘管所有的法看起來似乎都是實質存在，但其實沒有任何的法是由它們自己方面成立而存在或是像對我們顯現般地實質存在。不過，它們的

146

2 教授

確具有名言的存在；它們可以產生結果，可以發揮功能，且其作用是可靠的。

（第十二偈）

當這兩種了悟㊱同時並存而無需交替，
也就是在一見到緣起無錯謬的同時，
即完全破除對所有實質存在的執取；
那時你對甚深正見的分析才算圓滿。

㊱ 兩種了悟：指對緣起與性空的了悟。

如果你熟習這種洞見，那麼你將不必輪替地使用這兩種理解：對緣起含義的理解和對無實質存在之空性的理解。然後，你將只要透過對緣起含義的理解就能了解無實質存在之空性的含義，不需依靠任何其他理由。純粹只是觀見緣起的無錯謬，你就能夠完全破除諸法眞實存在的錯誤概念，而不需再依賴其他的條件。當你能夠對緣起以及無實質存在之空性二者理解爲同一件事時，你就已經完全理解了諸法的眞實本質。

我們即將完成《三主要道》其餘的偈頌。當我們想到諸法無有實

2 教授

質的存在時,我們應該從我們自己開始檢視,並嘗試找出這個「我」或補特伽羅是否具有實質的存在。藉由把這個身心聚合體分開來問自己:我的大腦是不是「我」?我的手是不是「我」?或身體的其他部分是不是「我」?找出這個補特伽羅是誰。以這種方式思惟分析時,「我」是找不到的。你無法用任何這些因素來辨認「我」,「我」既不是整個身體,也不是身體的一部分,也不是心識及心識的各個層次。

如果你思惟身體本身,並試圖找出它是什麼,無論它是手還是其他部位等等,那將是無法找到的。同樣地,如果你分析一張特定的桌

149

子，要找出它是什麼，無論說這桌子是它的顏色，或是它的形狀，或是製成它的木材，你都無法指出桌子的任何特定性質可以作為桌子的代表。

當你透過這種分析方式而無法找到事物時，並不表示事物就不存在。那會與理性以及你自己的經驗相矛盾。諸法在仔細審察下找不到，表示它們沒有絲毫由它們自己方面的客觀性存在，並且它們是由心去安立而存在的，沒有任何其他方式去成立它們的存在。由於它們沒有獨立於分別心之外的任何客觀性存在，所以它們的存在依賴於對

150

2 教授

境的力量,即名言安立。因此,諸法具有世俗的或名言的存在。

當你不以這種特定方式進行分析、實驗或研究時,諸法以它們通常的方式顯現在你面前時,它們似乎是由自己方面獨立而存在。你看不出來它們只有名言或世俗的存在。但是,由於你藉由分析和研究而有了一定的了解,所以當事物如往常般地對你顯現為獨立存在的樣子時,你將能夠想到:「儘管諸法並沒有實質存在,但對我這不清淨的心,它們顯現為獨立實質存在的樣子。」換句話說,如果你將諸法一般的顯現方式與諸法在檢視之下的顯現方式進行比較,根據因此而

151

得到的研究結果，你會了解到當你不進行分析時諸法那錯誤的顯現方式，那麼你將能夠確定無有實質存在的對境。

因此，在進行禪修時，重要的是要透過推理來確定「諸法僅是由名言安立而存在，並沒有由自己獨立而存在。」但是，一旦你下了座，諸法就又會以一般的方式顯現。然後，由於你在打坐禪修過程中產生的理解，即使諸法看起來像是實質存在或獨立存在，你仍可以確定，儘管它們以這種方式顯現，但事實上並非如此。

2 教授

所以下個偈頌就是在說明這個觀點：

（第十三偈）

又當恆有極端被緣起所消除，
以及虛無極端被空性所消除，
並了知由空性現為因果的本質，
你將不會被各種邊執見所迷惑。

這意思是說，如果你能夠理解一切法都是約定俗成地存在著，那

153

麼你將能夠消除對恆有極端的執著；而且，藉由理解諸法不具有實質存在，你將能夠消除完全虛無或斷滅的這種極端。換句話說，你將能夠理解諸法的本質，即諸法通常只是世俗或名言的存在而沒有實質的存在。就是因為諸法不是實質存在，所以諸法才會顯現為因緣的和合。如果你能夠生起對這種存在方式的了解，那麼你將不會對恆有主義和虛無主義這兩個極端的錯誤見解感到不知所措或困惑。

最後，下面的偈頌總結說：

2 教授

(第十四偈)

因此當你如實了悟
這三主要道的精髓,
我兒㊲啊!
你要尋一僻靜處發起精進力,
並且迅速實現你究竟的目標!

㊲ 此處宗大師稱阿旺・扎巴為「我兒」是親切語,因為阿旺・扎巴是宗大師的心子。

最後結論勸說僅憑對經論的了解是不夠的。了解了這三主要道的意義後,你應該找個偏僻的地方獨居閉關,並殷切地將三主要道的道理付諸實修。了解修行的意義後,你必須清晰地進行實修。學習的目的是獲得一切遍智,但唯有透過實修才能獲得。因此,宗喀巴大師建議我們要好好地實修。

因此,如上所述,首先對諸法無有實質存在的觀點建立一些理解,然後反覆地思惟、熟習該理解,以便透過串習使你的定解變得更加清晰、深入和穩定。此外,由於我們目前的心思受到散亂和掉舉的

156

2 教授

強烈影響,因此即使只是在很短的時間內也很難平靜地專注在一個對境上。在這種情況下,即使你已經了解了最究竟的觀點,也很難體證它。

為了對空性有直接的體認,重要的是要透過禪修培養出禪定的心(寂止心)。要這樣做有兩種技巧:一種是根據你在經論中找到的解釋,另一種是在依賴於修本尊瑜伽的密續裡找到。後一種方法較為深細。根據密續裡的本尊瑜伽也有低和高兩種層次。

在密續的無上瑜伽部裡，有一種修本尊瑜伽的特殊方式，並透過運用細微的氣和細微的心來獲得寂止心。當你透過該過程而成就寂止時，就會獲得所謂的寂止與勝觀雙運（止觀雙運㊳）的空正見。

如果我們僅根據禪修的穩定性質來解釋這種止觀雙運，就無法確定它將導向證悟或成佛。毫無疑問地，獲得勝觀是佛教徒的修行，但是止觀雙運不一定會導向證悟或成佛。它是否會導向解脫或是一切遍智，取決於動機。因此，我們需要下定決心，以出離心為基礎，然後基於關心和在意所有眾生的利益，為了利他的願望而要成佛，然後

2 教授

如果你接著修行止觀雙運的瑜伽,它才會成為導向證悟成佛的積極力量。

為了使這種修行卓有成效,首先接受密續的教授是很重要的。為了接受密續的教授以使你的心相續成熟,你必須先接受灌頂,以使你的心田變得肥沃。因此,方便與智慧的雙運(悲智雙運)很重要。當

㊳ 止:即止住修,是藉專注特定對象(所緣、目標),止息一切妄念、煩惱,達心一境性的禪定。觀:即觀察修,以邏輯思惟分析對境。由止培養定,由觀開展慧,二者須相輔相成。

我們為了所有的眾生而從事利他的志向以獲得佛果時，這樣的動機將影響並支持我們對諸法真實本質觀點的理解，反過來，我們對空性——諸法的真實本質——的了悟也會影響並支持我們想要成佛的願望。這種修習方式就稱為方便與智慧雙運。

當你遵循密續的道路時，你首先要生起一種希望為利有情願成佛的心，然後，在這種利他願望的影響下，你會生起了悟諸法真實本質的空性慧，並以此為基礎而生起本尊。換句話說，是空性慧本身被轉化為本尊的形式。如果你再次關注本尊本身的本質，你會發現，即使

2 教授

本尊也是不由他自己方面而存在。然後，你將本尊形象觀想為證悟成佛時最終將達到的究竟清淨色身。

因此，方便與智慧雙運的禪修技巧非常重要，其中包括對本尊的廣大壇城及其甚深空性的禪修。方便與智慧雙運包含在密續修行裡，因為，一方面，你思惟了本尊本身的本質，這是觀修諸法的真實本質（智慧的觀修）；另一方面，你思惟了本尊本身是你證悟成佛時所獲得的究竟清淨色身，這是觀修所要達到的目標對象（方便的觀修），所以這也是為了達到證悟成佛的禪修。

透過修本尊瑜伽的過程，你正是在修方便與智慧雙運。這就是密續修行之道可以快速成佛的原因。特別是當你遵循無上瑜伽部的密續修行時，有一些技巧可以體證到細微的氣和細微的心識。透過特殊的技巧，你將能夠阻止粗糙、染污層次的氣和心識，並體證到它們的細微層次。

無論你要走顯乘還是密乘的道路，如果你想以方便與智慧雙運這種方式修行，都應該首先在道德、戒律的持守上建立堅實的基礎。

162

2 教授

持守戒律有很多層次,可以從別解脫戒㊴開始,別解脫戒就像所有其他較高層次戒律的基礎一樣,有時將其稱為「聲聞戒」,在此基礎上產生菩薩戒,又在此基礎上產生密乘戒。

㊴ 戒律有別解脫戒、菩薩戒和密乘戒,藏傳別解脫戒裡有居士五戒、沙彌十戒、二百五十三條比丘戒和三百六十四條比丘尼戒。別解脫戒在有出離心的基礎上受持,才是真正的別解脫戒。

3
問　答

問：能否請尊者釐清一下：決心解脫的出離心是否與真實存在的概念或諸法實質存在的概念根本沒有關聯？

答：通常，當我們談論到生起一種想要脫離輪迴的強烈希求時，也就是一種想要獲得解脫的心時，是針對某種補特伽羅而言，他透過學習而了解到有諸如解脫之類的事情，並且了解到解脫是可以達到的，有一個基於理性的深刻了解，然後我們才可以說，他想獲得解脫的願望並沒有受到真實存在概念或諸法實質存在概念的污損。這是因為一個補特伽羅通常只有在了悟空性之後，才能擁有對解脫的有效認知。

166

3 問答

如果你已經了解了空性的含義，那麼即使你可能還沒有完全剷除真實存在的概念，但必須建立的解脫或建立解脫的道路都不會被真實存在的概念或諸法實質存在的概念所污染。

但是，像我們這樣的普通人，對解脫輪迴的方式沒有正確或真實的了解，而僅僅只是有想要獲得解脫的希求，雖然毫無疑問地，這一願望是真誠的，但由於沒有了解諸法的真實本質，我們可能會把解脫本身看成是真實或實質存在。換句話說，對「諸法沒有實質存在」的理解不足的話，想要獲得解脫的願望就會被真實存在的概念所污染。

佛陀在經文中曾說，看到美麗女人的虛幻形象，如果你對她感到渴望，事後當你意識到她只是一個幻相而感到後悔，這是很愚蠢的，因為一開始根本就沒有女人在那裡。同樣地，如果你把解脫認為是真實存在，雖然其實並不是，那麼可以說你對解脫的渴望並不是真實無誤的。

3 問答

問：我們可以使用「解脫的幸福」這樣的詞嗎？

答：當然可以！因為當我們獲得解脫時，那只是煩惱的完全停止，那個獲解脫者仍然是個具有色身的補特伽羅。所以他仍有一種獲得解脫的愉悅和快樂的感覺，儘管他並沒有渴望獲得那種幸福感，例如，如果我們以密乘的術語來說，那麼一個消除了真實存在概念的大成就者就會在其內心續流中擁有極大幸福的智慧，而那幸福就是真正的幸福。我認為，即使走完修行階段的人談論個人的幸福也是適當的。所以，我們可以說，即使是佛陀也有愉悅的感覺，因此我們可以談論解

脫的幸福。

但是，如果你從「解脫本身是否是幸福」的角度來問這個問題，那就不是，因為它是一種客觀的、非特定個人的境界。實際上，解脫或寂滅是一種特質——在獲得現證解脫的特定補特伽羅中一種煩惱完全停止的特質。至於那個補特伽羅，當他獲得解脫時，是那個補特伽羅自己經歷了幸福。因此，如果你問一個補特伽羅是否經歷過解脫的幸福，答案是肯定的；但是如果你問解脫本身是否是幸福，那麼答案是否定的。

3 問答

問：禪修跟拔除眾生的痛苦有什麼關係？

答：當菩薩在證悟成佛之前從事修習時，他不僅禪修慈悲心和利他之類的特質，而且還致力於將六度①付諸實踐。在這六度中，「布施」和「持戒」與眾生的利益有直接的關係。同樣地，菩薩還要從

---

①六度：指布施、持戒、忍辱、精進、禪定、智慧，又稱「六波羅蜜」。「度」是指到彼岸的意思，也就是達成理想，完成的意思，是大乘佛教中菩薩欲成佛道所實踐的六種修行方法。

事四攝法②，例如給予眾生所需要的東西、說出使人受用歡喜的話語等。在禪修中生起悲心和慈心，就產生了布施、持戒等的動機和實踐，這些都是該動機在業行中的表現。因此，實踐應用和禪修並肩而行，你還會發現所提到的等持③狀態和隨之而生的成果。在禪修的等持狀態中，你進行禪修；然後下座出定時你由禪修狀態中轉而從事累積資糧④的事情，這意味著實際從事直接有益於眾生的活動。

3 問答

問：一個人對解脫的渴望如何與痛苦的經歷有關？

答：為了生起對解脫的希求，你必須首先能夠看到輪迴的過患。但是，與此同時，如果你不了解獲得解脫的可能性，那麼僅僅看到輪迴

---

② 四攝法：菩薩以布施、愛語、利行、同事等四種方法來攝受眾生。
③ 等持：即「定」的意思，梵文為三摩地。「等」是平等，「持」就是保持這種平衡的狀態。
④ 資糧：「資」為資助，「糧」為糧食，「資糧」即盤纏，為遠行所做的種種準備，從而順利地到達目的地。修道亦如遠行，要有善根福德正法等資糧以助其身，才能到達成佛的目的地。

的過患和痛苦是不夠的。在許多情況下，人們雖然遭受痛苦，卻沒有意識到有獲得解脫的可能性。他們沒有找到解決問題的辦法，只好沮喪地自殺或以其他方式傷害自己。

3 問答

問：當聲聞和獨覺完全斷除了煩惱，成為煩惱敵的摧毀者時，他們擁有的是一種無善無惡的中性意識嗎？

答：是的，他們具有無善無惡的中性意識。聲聞和獨覺在達到摧毀煩惱敵的階位後，不僅具有中性意識，而且還可能有其他特質，例如說話刻薄及鄙視他人等等。但是這類行為並不是因瞋怒和貪著之類的煩惱而引起，它們的產生是由於過去生的負面特質所養成的習氣，而現在以不好的方式在身、語、意上呈現出來。

尚未體悟空性的人因為將一切法視為實質的存在，因此會產生瞋心、貪心等等。但是，既然對空性的體悟是直接對治真實存在概念的經驗，那些體悟空性的人，像是聲聞和獨覺，又怎麼會產生瞋心和貪心？

要區分以上這兩種經驗，那些體悟空性的人，雖然沒有把事物視為實質存在的概念，但事物仍會對他們顯現為實質存在，儘管他們並沒有真實存在的概念。即使是那些已經取得較高的修行成就並已成為煩惱敵的摧毀者，事物仍會對他們顯現為實質存在⑤。然而不能肯定

3 問答

凡是事物對他們顯現為實質存在的人就會有貪心和瞋心。瞋心以及其他煩惱不僅在「事物顯現為真實存在」時會產生，而且在對「事物真實存在」產生定解時也會產生。不可能僅憑見到空性或僅僅體悟無我，就能完全斷除煩惱和痛苦。你必須體悟空性或無我，並且還必須

⑤ 佛法中從凡夫到成佛過程，依修習次第有分不同階位，各階位有不同的所修、所斷、所證功德。大小乘有五道（資糧道、加行道、見道、修道、無學道）的階位，菩薩有十地的階位（一地極喜地、二地離垢地、三地發光地、四地焰慧地、五地難行地、六地現前地、七地遠行地、八地不動地、九地善慧地、十地法雲地）。在空性的修習中，見道位或初地菩薩才在禪修中現證空性，但下座出定時：萬事萬物仍會有實有的顯現。

177

熟悉它、串習它。當你了解空性並現證它，你就修到我們所謂的「見道」的修行階位。當你修到見道的階位，你可以暫時地壓伏所有粗分的煩惱的呈現⑥。然而你仍然只是壓伏了這些煩惱的產生，並沒有徹底消除它們的種子。俱生煩惱（煩惱的種子）仍然存在。

即使你已經現證空性了，還有更高的修行階位，例如修道位。遍計煩惱在現證空性的見道位時會被斷除，因為遍計煩惱是由於研究錯誤的哲學思想而產生的。換句話說，遍計煩惱是錯誤見解的產物。當你現證空性或究竟實相時，自然地這些煩惱——錯誤見解的產物——

178

3 問答

就會自動斷除。因此，你必須徹底了悟諸法的真實本質。然後，隨著你逐漸進入修道位，你將能夠斷除最根本的煩惱（俱生煩惱）。

⑥ 見道位時能斷除遍計煩惱；修道位時才可以斷俱生煩惱。遍計煩惱是指用理由或見解而生起的煩惱，如「我是實有」的我執煩惱。俱生煩惱是沒有理由、無始以來與心同在、與生俱來的煩惱。只有現證空性才有斷煩惱的能力。而見道位雖現證空性，但斷煩惱的能力還不夠強，只能看到遍計煩惱的背後理由是錯謬的，所以能斷遍計煩惱；還要到修道位經過很長的時間不斷修習，才能把俱生煩惱滅除。

現在,這種真實存在的概念或諸法實質存在的概念如何會引起瞋心、貪心等煩惱?通常來說,每當有真實存在的概念,不一定就會產生貪心和瞋心之類的煩惱,因為在某些情況下,你只有真實存在的概念而沒有生起煩惱。但是,無論如何,只要有貪心和瞋心,都是由於認為諸法真實存在的概念所致。當你生起貪著時,你不僅將對境視為有趣或吸引人,還將其視為完全地有趣、完全地吸引人,並且是從它自己方面實質存在。由於這種對諸法的錯誤概念,你會產生強烈的貪著。

180

類似地，當你看到某個事物，覺得它無趣或沒有吸引力時，你會認為它完全無趣或完全沒有吸引力。這是因為你有諸法真實存在的概念所致。所有這些不同的煩惱，如貪心和瞋心，其主要原因都是從「我」和「我的」的概念而起的。首先，你生起對「我」的貪著，因為如此，你開始生起各種其他煩惱。通常，你不會想到這個「我」是什麼，但是當它自動出現時，你會強烈地感覺到「我」不僅是名言的存在，而且是一個堅固的「我」從它自己方面實質存在。

認識到世俗的「我」的存在是沒錯的，但是當你把它誇大成具有獨立性存在時，這就是錯誤的。那是出於身見的錯誤見解。因為你有「我」是真實存在的概念，所以你會產生其他煩惱，例如「我的」的概念，「這或那是我的」的想法。當你有將事物當成「我的」的概念時，你會將每件事物分為兩類：你喜歡的事物，你認為是「我的」、是有趣的、是我的朋友等等，基於這些你會產生很大的貪著；以及不屬於你的事物，或傷害過你、或可能傷害你的，你將它們歸為不同類別並予以忽略。由於你對「我」的概念，以及在某種程度上你自認為是優越的、是極重要人物的感覺，你變得自傲。由於這種自傲感，當

182

3 問答

你不知道某件事時，就會產生迷惑的懷疑，而當你遇到與你自己的特質或財富相當的人的挑戰時，就會對他們產生嫉妒和競爭之類的煩惱。

問：什麼是「定業」和「不定業」？

答：「定業」是當所有必要的部分都完成時。例如，為一個特定的行為做前行準備，然後去做，最後認為自己做對了。如果你透過這樣的過程執行了這個行為，則果報將會是確定的，因此稱為「定業」。

另一方面，如果你尚未產生執行特定行為的動機，那麼即使你做了某件事，果報也不會是確定的，因此稱為「不定業」。總體而言，業有很多種，在無著菩薩的《大乘阿毗達摩集論》裡把業分為幾種而

加以解釋：一、業造了但不是增長業；二、業為增長業但未造作；三、業已造且是增長業⁷。業已造了且是增長業就是定業。業已造但不是增長業即不定業，例如沒有動機而造的業。

---

⑦《菩提道次第廣論》引《本地分》云：「增長業者，除十種業，謂一、夢所作，二、無知所作，三、無故思所作，四、不利不數所作，五、狂亂所作，六、失念所作，七、非樂欲所作，八、自性無記，九、悔所損害，十、對治所損。」除了這十種業，其他皆為增長業。定業就是已作、已增長的業；不定業為已作、不增長，或增長卻沒作（例如很想殺動物或偷盜某物，但沒作成）的業。

185

現在，為了更清楚地說明這一點，讓我們以殺死一隻動物為例。一般來說，殺生會導致投生惡趣。可是，如果你殺死了某隻動物但並不是故意的，例如，假使你在不知不覺中踩死了一隻昆蟲，但隨後意識到自己所做的事情而產生強烈的悔意，那麼其果報將屬於不定業。因為你殺死了那隻昆蟲，所以你造作了殺死牠的業，但由於你不是有意要殺死牠，因此你並未增長這個業。在這種情況下，果報是不確定的，這意味著這個殺業不會導致一般投生惡趣的果報，因為沒有殺的動機並且隨後感到後悔。但是，由於造了殺業，它將結出自己的果報。但它不會增長。

問： 對西方人來說，怎麼可能生起出離的感覺，不去享受我們世界裡的快樂？

答： 由於人們心靈的興趣和傾向各不相同，不太可能每個人都產生出離的精神，也沒有這個必要。有些人還非常喜歡輪迴。所以我們應該怎麼做？如果我們以佛教徒的觀點努力地想獲得解脫，那就必須以這種方式訓練我們的心。如果你只是瞥見一下西方的生活方式，你可能會看到許多表面上吸引人的地方，如豐富的現代化設施等等。但是，如果你更深入地檢視它，西方人仍無法免受世俗的生、老、病、

死之苦，尤其是飽受競爭和嫉妒所苦。我確信這些會擾亂你的幸福，因此它們才被稱為「輪迴的痛苦」。

我們還可以將痛苦分為三種層次⑧：苦苦、壞苦、行苦。最後一個行苦，指的是，我們這個受染污業和煩惱所投射的身體本身，就是經歷所有不同層次痛苦的基礎。重要的是要認識痛苦的各個層次和階段，以及如何進行禪修。通常，如果你沒有焦慮、麻煩和憂惱，那是最好的。我們之所以想要實踐佛陀的教義，是因為我們有一些痛苦和焦慮，但是如果你沒有這些痛苦和焦慮，那麼就無需修行，只需盡情

188

3 問答

享受就可以了。

---

⑧ 即所謂的「三苦」。苦苦：由苦事之成而生苦惱者。壞苦：由樂事之去而生苦惱者。行苦：行者遷流之義，由一切法之遷流無常而生苦惱者。

問：既然我們都有這種真實存在的自我概念，還有可能造福其他眾生嗎？

答：是有可能的。有兩種關於自我的錯誤態度：一種是將它執為實質存在，另一種是以自我為中心的態度。如果你有很強的自我中心態度，一直關注自己的幸福而沒有別的，那麼你會自動地忽略其他眾生的福祉。真實存在的自我概念很難斷除，但是當你在這樣修的時候，你還可以以利他的態度去關心其他眾生的福祉，並從事使他們受益的活動。煩惱敵的摧毀者──聲聞和獨覺──連煩惱的種子都已經斷除

190

3 問答

了,並了悟諸法的究竟本質。他們已經斷除了真實存在的概念,但是由於他們以自我為中心的態度,他們可能不太在乎其他眾生的福祉。

但是,菩薩也有可能屬於毗婆沙宗學派,該派不主張將「無真實存在」的空性作為其宗旨之一。因此,儘管那個菩薩可能並沒有斷除真實存在概念的種子,但由於他已經修習、培養了對他人關心的態度,所以他會全心全意地為其他眾生的福祉而服務。

參考書目

甘珠爾（佛說的經典）

- 《如來藏經》（Tathāgata Essence Sūtra；梵：Tathāgatācintyaguhanirdeśa sūtra；藏：De bzhin gshegs pa'i gsang ba bsam gyis mi khyab pa bstan pa'i mdo），《東北目錄》①，no. 47，寶積部，ka函。

參考書目

丹珠爾（註釋佛經的論典）

- 無著（Asanga），《大乘阿毘達磨集論》（Compendium of Abhidharma，梵：Abhidharmasamuccayā，藏：Chos mngon pa kun las btus pa），《東北目錄》[1]，no. 4049，唯識部，ri函。

---

① 日本東北大學（Tohoku University）宇井伯壽等所編的《德格版西藏大藏經總目錄》（A Complete Catalogue of the Tibetan Buddhist Canon），又稱《東北目錄》，日本仙台：東北大學，1934。

- 彌勒（Maitreya），《寶性論》（*Sublime Science*，梵：*Uttaratantra*，藏：*Theg pa chen o rgyud bla ma*），《東北目錄》，no. 4024，唯識部，phi 函。

- 龍樹（Nagarjuna），《中觀根本慧論》（*Fundamental Wisdom of the Middle Way*，梵：*Mulamadhyamakakarika*）。此論有一本清楚的英文版，由傑·加菲爾德（Jay Garfield）翻譯，紐約：牛津大學出版社，1995。

參考書目

- 龍樹，《寶鬘論》（*The Precious Garland*，梵：*Ratnavali*，藏：*Rgyal po la gtam bya rin po che'i phreng ba*），《東北目錄》，no. 4158，書翰部，ge函。英文版由約翰・度尼（John Dunne）及莎拉・麥可林托（Sara McClintock）翻譯，波士頓：智慧出版社，1997。

- 寂天（Shantideva），《入菩薩行論》（*Guide to the Bodhisatta's Way of Life*，梵：*Bodhisattvacaryavatara*，藏：*Byang chub sems dpa'i spyod pa la 'jug pa*），《東北目錄》，no. 3871，中觀部，la函。

197

- 宗喀巴・洛桑・扎巴（Tsongkhapa Losang Drakpa，藏：Tsong kha pa Blo bzang grags a，1357-1419），《菩提道次第廣論》(The Great Stages of the Path，藏：Byang chub lam rim che ba bzhugs so)，台灣台北：財團法人佛陀教育基金會，2000。

- 宗喀巴・洛桑・扎巴，《三主要道》(Three Principals of the Path，藏：Lam gyi gsto bo rnam gsum gyi rtsa ba bzhugs so)，「宗喀巴文集」，kha 函。

為便於閱讀，儀軌請由
【附錄】《三主要道》第一頁開始，
依頁序左翻閱讀。

〔此文是宗喀巴大師寫給弟子察柯・溫波・阿旺・扎巴＊（Tsakho Onpo Ngawang Dakpa）〕

＊阿旺・扎巴（1365-1431）是宗喀巴大師的心子之一，他在向宗大師學成之後，回到家鄉嘉絨藏區（拉薩東方）宣揚佛法，興建了108座寺院。阿旺・扎巴在嘉絨時，有一次寫信給宗大師請問如何實修佛法，宗大師便寫下這《三主要道》作為回覆。宗大師曾說，將來自己成佛後，阿旺・扎巴將是他第一個要教導的人。

ཞེས་པ་འདི་ཉི་མང་དུ་ཐོས་པའི་དགེ་སློང་བློ་བཟང་བྱགས་པའི་དཔལ་གྱིས་ཚོ་བོ་དབོན་པོ་དག་དབང་བྱགས་པ་ལ་གདམས་པའོ། །

因此當你如實了悟

這三主要道的精髓,

我兒啊!

你要尋一僻靜處發起精進力,

並且迅速實現你究竟的目標!

Thus when you have realized the essentials

of the three principal aspects of the path, accordingly,

seek solitude and generate the power of effort,

and quickly actualize your ultimate purpose, my son.

དེ་ལྟར་ལམ་གྱི་གཙོ་བོ་རྣམ་གསུམ་གྱི། །
གནད་རྣམས་རང་གིས་ཇི་བཞིན་རྟོགས་པའི་ཚེ། །
དབེན་པ་བསྟེན་ཏེ་བརྩོན་འགྲུས་སྟོབས་བསྐྱེད་ནས། །
གཏན་གྱི་འདུན་མ་མྱུར་དུ་སྒྲུབས་ཤིག་བུ། །

又當恆有極端被緣起所消除，

以及虛無極端被空性所消除，

並了知由空性現為因果的本質，

你將不會被各種邊執見所迷惑。

Also, when the extreme of existence is eliminated by appearances,

and the extreme of nonexistence is eliminated by emptiness,

and the nature of the arising of cause and effect from emptiness is known,

you will not be captivated by the view that grasps at extremes.

གཞན་ཡང་སྐྱུང་བས་ཡོད་མཐའ་སེལ་བ་དང་། །
སྟོང་པས་མེད་མཐའ་སེལ་ཞིང་སྟོང་པ་ཉིད། །
རྒྱུ་དང་འབྲས་བུར་འཆར་བའི་ཚུལ་ཤེས་ན། །
མཐར་འཛིན་ལྟ་བས་འཕྲོག་པར་མི་འགྱུར་རོ། །

當這兩種了悟同時並存而無需交替,

也就是在一見到緣起無錯謬的同時,

即完全破除對所有實質存在的執取;

那時你對甚深正見的分析才算圓滿。

At the time when these two realizations are simultaneous and don't have to alter-nate,

from the mere sight of infallible dependent arising comes ascertainment

that completely destroys all modes of grasping;

at that time, the analysis of the profound view is complete.

ནམ་ཞིག་རེས་འཇོག་མེད་པར་ཅིག་ཅར་དུ། །
རྟེན་འབྲེལ་མི་བསླུར་མཐོང་བ་ཙམ་ཉིད་ནས། །
རེས་ཞེས་ཡུལ་གྱི་འཛིན་སྟངས་ཀུན་ཞིག་ན། །
དེ་ཚེ་ལྟ་བའི་དཔྱད་པ་རྫོགས་པ་ལགས། །

諸法是無錯謬的緣起；

空性是遠離執著無自性。

只要視此二種理解為別別無關，

那麼你仍尚未了悟佛陀的密義。

Appearances are infallible dependent arisings;

emptiness is free of assertions.

As long as these two understandings are seen as separate,

one has not yet realized the intent of the Buddha.

སྒྱུང་བ་རྟེན་འབྲེལ་བསྒྲུབ་མེད་པ་དང་། །
སྟོང་པ་ཁས་ལེན་ཐུབ་པའི་གོ་བ་གཞིས། །
ཇི་སྲིད་སོ་སོར་སྣང་དེ་སྲིད་དུ། །
ད་དུང་ཐུབ་པའི་དགོངས་པ་རྟོགས་པ་མེད། །

對於輪迴之內與之外的一切諸法，

當看到其中因果法則的毫無謬誤，

並且破除了所有實質存在的感知，

那就是步入了使佛陀歡喜的道路。

One who sees the infallible cause and effect

of all phenomena in cyclic existence and beyond

and destroys all perceptions (of inherent existence)

has entered the path that pleases the Buddha.

གང་ཞིག་འབོར་འདས་ཆོས་རྣམས་ཐམས་ཅད་ཀྱི། །
རྒྱུ་འབྲས་ནམ་ཡང་བསླུ་བ་མེད་མཐོང་ཞིང་། །
དམིགས་པའི་གཏད་སོ་གང་ཡིན་ཀུན་ཞིག་པ། །
དེ་ནི་པངས་རྒྱས་དགྱེས་པའི་ལམ་ལ་ཞུགས། །

如果沒有智慧了悟存在的究竟本質,

即使你已經很熟習出離心和菩提心,

但輪迴的根本仍然不能被截斷;

因此要努力於了悟緣起的道理。

Without the wisdom realizing the ultimate nature of existence,

even though you familiarize yourself with
the determination to be free and the mind of enlightenment,

the root of cyclic existence cannot be cut;

therefore make an effort to realize dependent arising.

གནས་ལུགས་རྟོགས་པའི་ཤེས་རབ་མི་ལྡན་ན། །
རེས་འབྱུང་བྱང་ཆུབ་སེམས་ལ་གོམས་བྱས་ཀྱང་། །
སྲིད་པའི་རྩ་བ་བཅད་པར་མི་ནུས་པས། །
དེ་ཕྱིར་རྟེན་འབྲེལ་རྟོགས་པའི་ཐབས་ལ་འབད། །

在無盡的輪迴中不斷地投生，

不斷地受三苦所折磨——

思惟如母有情都在如此境況，

我們應當生起殊勝的菩提心。

born into boundless cyclic existence,

and in rebirths unceasingly tormented by the three sufferings—

contemplating the state of mother sentient beings in such conditions,

we should generate the supreme mind.

གྲུ་མེད་སྲིད་པར་སྐྱེ་ཞིང་སྐྱེ་བ་རུ། །
ཕྱུག་བསྒྱུར་གསུམ་གྱིས་རྒྱུན་ཆད་མེད་པར་མནར། །
གནས་སྐབས་འདི་འདྲར་གྱུར་པའི་མ་རྣམས་ཀྱི། །
དང་ཆུལ་བསམས་ནས་སེམས་མཆོག་བསྐྱེད་པར་མཛོད། །

眾生被四大湍流沖走，

被業繩緊縛無以解開，

陷入自我概念的鐵網，

完全被無明大闇所籠罩……

Carried away by the four torrential rivers,

bound by tight bonds of actions, difficult to undo,

caught in the iron net of the conception of self,

thoroughly enveloped by the thick darkness of ignorance. . .

ཤུགས་དྲག་ཆུ་བོ་བཞི་ཡི་རྒྱུན་གྱིས་ཁྱེར། །
བཟློག་དཀའ་ལས་ཀྱི་འཆིང་བ་དམ་པོས་བསྡམས། །
བདག་འཛིན་ལྕགས་ཀྱི་དྲ་བའི་སྦུབས་སུ་ཚུད། །
མ་རིག་མུན་པའི་སྨག་ཆེན་ཀུན་ནས་འཐིབས། །

如果出離心不是

由清淨的菩提心所攝持，

它將不會成為無上正等正覺的圓滿因；

因此智者應發起菩提心。

If this determination to be free is not influenced

by a pure mind of enlightenment,

it will not become a cause for unsurpassable enlightenment, the perfect bliss;

therefore the intelligent should generate a mind of enlightenment.

རེས་འབྱུང་དེ་ཡང་རྣམ་དག་སེམས་བསྐྱེད་ཀྱིས། །
ཟིན་པ་མེད་ན་བླ་མེད་བྱང་ཆུབ་ཀྱི། །
ཕུན་ཚོགས་བདེ་བའི་རྒྱུ་རུ་མི་འགྱུར་བས། །
བློ་ལྡན་རྣམས་ཀྱིས་བྱང་ཆུབ་སེམས་མཆོག་བསྐྱེད། །

以這樣的方式使自己熟悉和串習，

若你對輪迴盛事剎那欣羨都不生，

若你日日夜夜都祈求著獲得解脫，

那時你可說是已經生起了出離心。

Having familiarized yourself in this way,

if you do not generate admiration for the prosperity of cyclic existence even for an instant,

and if you wish for liberation day and night,

at that time you have generated the determination to be free.

དེ་ཕྱིར་གོམས་པས་འབྱོར་བའི་ཕུན་ཚོགས་ལ། །
ཡིད་སློན་སྐད་ཅིག་ཙམ་ཡང་མི་སྐྱེ་ཞིང་། །
ཞིན་མཚན་ཀུན་ཏུ་ཐར་པ་དོན་གཉེར་བློ། །
བྱུང་ན་དེ་ཚེ་ངེས་འབྱུང་སྐྱེས་པ་ལགས། །

思惟人身的自由和幸運是多麼難得且無暇可浪費,

如此能遮擋住現世迷人之表相的誘惑;

反覆思惟業果不欺誑和輪迴痛苦,

如此能遮擋住來世迷人之表相的吸引。

Contemplating how freedom and fortune are difficult to find,

and that in life there is no time to waste, blocks the attraction to the captivating ap-pearances of this life.

Repeatedly contemplating actions' infallible effects,

and the sufferings of cyclic existence, blocks the captivating appearance of future lives.

དལ་འབྱོར་རྙེད་དཀའ་ཚེ་ལ་ལོང་མེད་པ། །
ཡིད་ལ་གོམས་པས་ཚེ་འདིའི་སྣང་ཤས་ལྡོག །
ལས་འབྲས་མི་བསླུ་འཁོར་བའི་སྡུག་བསྔལ་རྣམས། །
ཡང་ཡང་བསམས་པས་ཕྱི་མའི་སྣང་ཤས་ལྡོག །

如果沒有生起清淨的出離心，

就無法平息對輪迴大海之安樂的黏著。

眾生完全被貪戀輪迴所繫縛，

因此首先要尋求出離的決心。

Without a pure determination to be free,

there is no means to achieve peace owing to fixation on the pleasurable effects of the ocean of existence.

Embodied beings are thoroughly bound by craving for existence;

therefore, in the beginning, seek a determination to be free.

རྣམ་དག་རིས་འབྱུང་མེད་པར་སྲིད་མཚོ་ཡི། །
བདེ་འབྱམས་དོན་གཉེར་ཞི་བའི་ཐབས་མེད་ལ། །
སྲིད་ལ་བརྣམ་པ་ཡིས་ཀྱང་ལུས་ཅན་རྣམས། །
ཀུན་ནས་འཆིང་ཕྱིར་ཐོག་མར་རིས་འབྱུང་བཙལ། །

對輪迴的安樂不貪著的人，

努力使暇滿身變得有意義的人，

遵照著佛陀歡喜之道修行的人──

幸運者請以清淨心好好聽聞！

Those who are not attached to the joys of the cyclic existence,

who strive to make meaning of this leisure and opportunity,

who rely on the path pleasing to the Conqueror—

those fortunate ones, listen with a clear mind.

གང་དག་སྲིད་པའི་བདེ་ལ་མ་ཆགས་ཤིང་། །
དལ་འབྱོར་དོན་ཡོད་བྱ་ཕྱིར་བརྩོན་པ་ཡིས། །
རྒྱལ་བ་དགྱེས་པའི་ལམ་ལ་ཡིད་རྟོན་པའི། །
སྐལ་ལྡན་དེ་དག་དང་བའི་ཡིད་ཀྱིས་ཉོན། །

我禮敬尊貴的根本上師們!

I pay homage to the foremost venerable lamas

我將盡己所能地解釋:

釋迦世尊所有教義之精髓,

佛子們所稱揚讚嘆之道路,

希求解脫的幸運者之入門。

I will explain, as well as I can,

the essence of all the teachings of the Conqueror,

the path praised by the Conqueror's children,

the entrance for the fortunate desiring liberation.

༄༄། །རྗེ་བཙུན་བླ་མ་རྣམས་ལ་ཕྱག་འཚལ་ལོ།

རྒྱལ་བའི་གསུང་རབ་ཀུན་གྱི་སྙིང་པོའི་དོན། །
རྒྱལ་སྲས་དམ་པ་རྣམས་ཀྱིས་བསྔགས་པའི་ལམ། །
སྐལ་ལྡན་ཐར་འདོད་རྣམས་ཀྱི་འཇུག་ངོགས་དེ། །
ཇི་ལྟར་ནུས་བཞིན་བདག་གིས་བཤད་པར་བྱ། །

【附錄】

ལམ་གཙོ་རྣམ་གསུམ།

《三主要道》

Three Principal Aspects of the Path

宗喀巴大師
Jé Tsongkhapa

橡樹林文化 ❖❖ 達賴喇嘛 ❖❖ 書目

編號	書名	作者	價格
JB0002X	我，為什麼成為現在的我：達賴喇嘛談生命的源起及意義	達賴喇嘛◎著	360元
JB0005	幸福的修煉	達賴喇嘛◎著	230元
JB0010X	達賴喇嘛 禪修地圖	達賴喇嘛◎著	320元
JP0024X	達賴喇嘛禪思365	達賴喇嘛◎著	400元
JB0044	當光亮照破黑暗：達賴喇嘛講《入菩薩行論》〈智慧品〉	達賴喇嘛◎著	300元
JB0058	慈悲與智見	達賴喇嘛◎著	320元
JB0070	安住於清淨自性中	達賴喇嘛◎著	480元
JB0132	平心靜氣：達賴喇嘛講《入菩薩行論》〈安忍品〉	達賴喇嘛◎著	380元

橡樹林文化 ❖ 善知識系列 ❖ 書目

JB0112	觀修藥師佛：祈請藥師佛，能解決你的困頓不安，感受身心療癒的奇蹟	堪千創古仁波切◎著	300元
JB0113	與阿姜查共處的歲月	保羅・布里特◎著	300元
JB0114	正念的四個練習	喜戒禪師◎著	300元
JB0115	揭開身心的奧秘：阿毗達摩怎麼說？	善戒禪師◎著	420元
JB0116	一行禪師講《阿彌陀經》	一行禪師◎著	260元
JB0117	一生吉祥的三十八個祕訣	四明智廣◎著	350元
JB0118	狂智	邱陽創巴仁波切◎著	380元
JB0119	療癒身心的十種想──兼行「止禪」與「觀禪」的實用指引，醫治無明、洞見無常的妙方	德寶法師◎著	320元
JB0120	覺醒的明光	堪祖蘇南給稱仁波切◎著	350元
JB0121	大圓滿禪定休息論	大遍智　龍欽巴尊者◎著	320元
JB0122X	正念的奇蹟	一行禪師◎著	300元
JB0123	一行禪師　心如一畝田：唯識50頌	一行禪師◎著	360元
JB0124X	一行禪師 你可以不生氣：佛陀的最佳情緒處方	一行禪師◎著	320元
JB0125	三句擊要：以三句口訣直指大圓滿見地、觀修與行持	巴珠仁波切◎著	300元
JB0126	六妙門：禪修入門與進階	果煜法師◎著	400元
JB0127	生死的幻覺	白瑪格桑仁波切◎著	380元
JB0129	禪修心經──萬物顯現，卻不真實存在	堪祖蘇南給稱仁波切◎著	350元
JB0130	頂果欽哲法王：《上師相應法》	頂果欽哲法王◎著	320元
JB0131	大手印之心：噶舉傳承上師心要教授	堪千創古仁切波◎著	500元
JB0132	平心靜氣：達賴喇嘛講《入菩薩行論》〈安忍品〉	達賴喇嘛◎著	380元
JB0133	念住內觀：以直觀智解脫心	班迪達尊者◎著	380元
JB0134	除障積福最強大之法──山淨煙供	堪祖蘇南給稱仁波切◎著	350元
JB0135	撥雲見月：禪修與祖師悟道故事	釋悟因◎著	350元
JB0136X	醫者慈悲心：對醫護者的佛法指引	確吉・尼瑪仁波切 大衛・施林醫生 ◎著	350元
JB0137	中陰指引──修習四中陰法教的訣竅	確吉・尼瑪仁波切◎著	350元
JB0138X	佛法的喜悅之道	確吉・尼瑪仁波切◎著	350元

編號	書名	作者	價格
JB0139	當下了然智慧：無分別智禪修指南	確吉・尼瑪仁波切◎著	360元
JB0140	生命的實相——以四法印契入金剛乘的本覺修持	確吉・尼瑪仁波切◎著	360元
JB0141	邱陽創巴仁波切 當野馬遇見馴師：修心與慈觀	邱陽創巴仁波切◎著	350元
JB0142	在家居士修行之道——印光大師教言選講	四明智廣◎著	320元
JB0143	光在，心自在 〈普門品〉陪您優雅穿渡生命窄門	釋悟因◎著	350元
JB0144	剎那成佛口訣——三句擊要	堪祖蘇南給稱仁波切◎著	450元
JB0145	進入香巴拉之門——時輪金剛與覺囊傳承	堪祖嘉培珞珠仁波切◎著	450元
JB0146	（藏譯中）菩提道次第廣論： 抉擇空性見與止觀雙運篇	宗喀巴大師◎著	800元
JB0147	業力覺醒：揪出我執和自我中心， 擺脫輪迴束縛的根源	圖丹・卻准◎著	420元
JB0148	心經——超越的智慧	密格瑪策天喇嘛◎著	380元
JB0149	一行禪師講《心經》	一行禪師◎著	320元
JB0150	寂靜之聲——知念就是你的皈依	阿姜蘇美多◎著	500元
JB0151	我真正的家，就在當下—— 一行禪師的生命故事與教導	一行禪師◎著	360元
JB0153	輪迴可有道理？—— 五十三篇菩提比丘的佛法教導	菩提比丘◎著	600元
JB0154	一行禪師講《入出息念經》： 一呼一吸間，回到當下的自己	一行禪師◎著	350元
JB0155	我心教言——敦珠法王的智慧心語	敦珠仁波切◎著	380元
JB0156	朗然明性： 藏傳佛教大手印及大圓滿教法選集	蓮花生大士、伊喜・措嘉、龍欽巴、密勒日巴、祖古・烏金仁波切等大師◎著	400元
JB0157	跟著菩薩發願：〈普賢行願品〉淺釋	鄔金智美堪布◎著	400元
JB0158	一行禪師　佛雨灑下—— 禪修《八大人覺經》《吉祥經》 《蛇喻經》《中道因緣經》	一行禪師◎著	380元
JB0160	觀修《金剛經》	雪歌仁波切◎著	550元
JB0161	證悟瑰寶： 佛陀與成就大師們的智慧教言	艾瑞克・貝瑪・昆桑◎著	500元
JB0162	逐跡佛陀：巴利古籍所載的佛陀生平	達彌卡法師◎著	460元

Published by agreement with Wisdom Publications through the Chinese Connection Agency, a division of Beijing XinGuangCanLan ShuKan Distribution Company Ltd,a.k.a. Sino-Star.

善知識系列　JB0152X

達賴喇嘛講三主要道──宗喀巴大師的精華教授
The Essence of Tsongkhapa's Teachings:
The Dalai Lama on the Three Principal Aspects of the Path

作　　　者／達賴喇嘛（Dalai Lama）
英　譯　者／拉多格西（Geshe Lhakdor）
中　譯　者／黃盛璟
編　　　輯／應桂華
責 任 編 輯／陳芊卉
內 文 排 版／歐陽碧智
封 面 設 計／兩棵酸梅
業　　　務／顏宏紋
印　　　刷／韋懋實業有限公司

發　行　人／何飛鵬
事業群總經／謝至平
總　編　輯／張嘉芳
出　　　版／橡樹林文化
　　　　　　城邦文化事業股份有限公司
　　　　　　115 台北市南港區昆陽街 16 號 4 樓
　　　　　　電話：(02)2500-0888#2738　傳真：(02)2500-1951
發　　　行／英屬蓋曼群島商家庭傳媒股份有限公司城邦分公司
　　　　　　115 台北市南港區昆陽街 16 號 8 樓
　　　　　　客服服務專線：(02)25007718；25001991
　　　　　　24 小時傳真專線：(02)25001990；25001991
　　　　　　服務時間：週一至週五上午 09:30 ～ 12:00；下午 13:30 ～ 17:00
　　　　　　劃撥帳號：19863813　戶名：書虫股份有限公司
　　　　　　讀者服務信箱：service@readingclub.com.tw
香港發行所／城邦（香港）出版集團有限公司
　　　　　　香港九龍土瓜灣土瓜灣道 86 號順聯工業大廈 6 樓 A 室
　　　　　　電話：(852)25086231　傳真：(852)25789337
　　　　　　Email：hkcite@biznetvigator.com
馬新發行所／城邦（馬新）出版集團【Cité (M) Sdn.Bhd. (458372 U)】
　　　　　　41, Jalan Radin Anum, Bandar Baru Sri Petaling,
　　　　　　57000 Kuala Lumpur, Malaysia.
　　　　　　電話：(603) 90563833　傳真：(603) 90576622
　　　　　　Email：services@cite.my

初版一刷／ 2022 年 6 月
二版一刷／ 2025 年 1 月
ISBN ／ 978-626-7449-13-4（紙本書）
ISBN ／ 978-626-7449-12-7（EPUB）
定價／ 360 元

城邦讀書花園
www.cite.com.tw

版權所有・翻印必究（Printed in Taiwan）
缺頁或破損請寄回更換

國家圖書館出版品預行編目（CIP）資料

達賴喇嘛講三主要道：宗喀巴大師的精華教授 / 達賴喇嘛（Dalai Lama）著；黃盛璟中文譯. -- 二版. -- 臺北市：橡樹林文化出版：英屬蓋曼群島商家庭傳媒股份有限公司城邦分公司發行，2025.01
面；　公分 . --（善知識；JB0152X）
ISBN 978-626-7449-13-4（平裝）

1.CST: 藏傳佛教　2.CST: 註釋　3.CST: 佛教說法

226.962　　　　　　　　　　　　113005917

處理佛書的方式

佛書內含佛陀的法教，能令我們免於投生惡道，並且為我們指出解脫之道。因此，我們應當對佛書恭敬，不將它放置於地上、座位或是走道上，也不應跨過。搬運佛書時，要妥善地包好、保護好。放置佛書時，應放在乾淨的高處，與其他一般的物品區分開來。

若是需要處理掉不用的佛書，就必須小心謹慎地將它們燒掉，而不是丟棄在垃圾堆當中。焚燒佛書前，最好先唸一段祈願文或是咒語，例如唵（OM）、啊（AH）、吽（HUNG），然後觀想被焚燒的佛書中的文字融入「啊」字，接著「啊」字融入你自身，之後才開始焚燒。

這些處理方式也同樣適用於佛教藝術品，以及其他宗教教法的文字記錄與藝術品。

ཨོཾ། ནམོ་བྷགབནྟེ་ཨཽཥྞཱི་ཥ་བི་མ་ལེ་ཤུདྡྷེ་རཱ་ཛཱ་ཡ།

ཡི་གེ་ཉི་ཤུ་རྩ་དྲུག་པ་འདི་དཔེ་ཆའི་ནང་དུ་བཞག་ན་དཔེ་ཆ་དེ་ཉིད་འདར་
བགྲོམས་ཀྱང་ཉེས་པ་མི་འབྱུང་བར་འཇམ་དཔལ་རྩ་རྒྱུད་ལས་གསུངས་སོ།།

此咒置經書中　可滅誤跨之罪

填寫本書線上回函